読み上手 書き上手

齋藤孝 Saito Takashi

★——ちくまプリマー新書
076

目次 ＊ Contents

はじめに

「読む力」「書く力」が人生を左右する

あなたにお聞きします。

四〇〇字詰《づ》めの原稿《げんこう》用紙で五枚書けと言われたら、どう思いますか？　来週までに本を五冊読めと言われたら？　あなたは「いやだなあ」と気が重くなりますか？

そんなとき、ささっと読めたり、書けたりしたらどんなにいいだろう、と思っている人は少なくありません。

私はふだん大学で学生を指導したり、セミナーや塾《じゅく》でビジネスマンや小学生を教えたりしていますが、みな本を速く、たくさん読みたいとか、文章がすらすら書けるようになりたいと言います。「読み書き」に関して悩《なや》んでいる人がたくさんいるのです。

そのわりには、世間では「読む力」や「書く力」が軽視されてきたように思います。

その背景にはテレビなどマスメディアの影響《えいきょう》があるのではないでしょうか。

テレビには、若い芸人さんやタレントさんたちがたくさん登場します。彼《かれ》らを見ていると、本をものすごく読んだり、文章をたくさん書いたりしているようには思えません。でもとても人気があるので、一般《いっぱん》の人たちも、あんなふうに「しゃべり」が達者であれば生きていけるのだと思いがちです。しかし実際に社会の中で生きていくには、想像以上に「読み書き」能力が要求されます。

たとえば就職試験を考えてみましょう。就職試験の際にはエントリーシートというA4判一枚くらいの紙を提出させる企業がほとんどです。

その紙には、自分がどういう人間かをアピールした文章を書かなくてはなりません。いままでの人生の中で、自分にとって非常に重要な経験を取り上げ、それを相手に伝わるように的確に、コンパクトに書かなければならないのです。

これはかなり高度な技術です。そもそも人一人がしてきた経験は膨大《ぼうだい》です。すべて書こうと思ったらとてもじゃありませんが、一枚の紙に書ききれるはずはありません。最低でも二〇〜三〇枚は必要です。でもそんなに書いたのでは、読むほうが疲《つか》れてしまいます。会社によっては何千人、何万人という応募者《おうぼしゃ》が殺到《さっとう》しますから、人事の担当者はエントリーシートをザーッと見ながら、これはダメ、これは見込《みこ》みがある、と即座《そくざ》に分けていくことになります。

肝心《かんじん》なのはここです。ダメな人とそうではない人をどうやって分けていくのでしょうか。たんに読む側の主観や好き嫌《すきら》いで振《ふ》り分《わ》けていくのかというと、必ずしもそうではありません。もちろん多少の好き嫌いが混じるのは仕方ないとしても、「この人はダメ」「この人は二次試験に呼ぼう」という判断は、かなりの程度、共通しているとみていいでしょう。

言《い》い換《か》えれば、個人の能力や資質は、書いた文章を通して相当シビアに判定されてしまうということです。かりに自分で書いた文章を自分がとても気に入っていても、相手から見るとそれほどでもなくて、二次試験に進めないという場合、「そんな会社は見る目がないのだ」と言い切ってしまえるでしょうか。

そう思える人は、フリーでやっていくしかありません。しかし、フリーでやっていけるほどの「根性《こんじょう》」と「決意」と「才能」を持っている人はごく少数です。多くの人はたんに自分の才能を買いかぶっているか、自己防衛的な思い込みをしているに過ぎません。

そんな思い込みのまま世の中に出れば、失敗するのは目に見えています。そうならないためには、書いたものを人に読んでもらうことが大切です。もっと言えば、書くときには、これを第三者が読んだときどう思うだろうかという、「読む側」からの視点が大事なのです。

読まれることを前提に書く

私は予備校で小論文の添削《てんさく》をやっていました。ですから試験で必ず落とされるだろうダメな小論文から、どんな試験でも突破《とっぱ》できるハイレベルのものまで、たくさん見てきました。

その経験からいうと、まず最低レベルのまったくダメな小論文とは、自分勝手に書いていて何を言っているかがわからないものです。読んでいても意味不明で、文章も日本語になっていないというものが一番ダメなレベルです。そういう小論文やエントリーシートを書く人は、入試も就職試験も突破できません。

その次にダメなレベルは、言っていることがあまりにも平凡《へいぼん》で、結論がすぐに見えてしまうものです。このレベルの人たちも落とされる可能性が大です。

そして三番目にダメなレベルは、独自の視点があるものの、論理的に破綻《はたん》しているものです。要するに奇をてらいすぎていたり、面白《おもしろ》さをねらうあまり、肝心の問題文や課題文の読み込みが足りずに、要求されたものに答えていないというケースです。それでも、支離滅裂《しりめつれつ》なものや結論が見えている平凡なものに比べれば、頑張《がんば》ってオリジナリティを出そうとしている分だけましと言えます。

それよりさらに上のレベルのものが、ようやく採点の対象になってきます。試験で言えば、採点官や人事担当者から「読んでもらえる」レベルのものといえます。それは課題文の要約や言いたいことが、きちんと盛《も》り込《こ》まれているものです。

小論文では、「次の文章を読んで自分の考えを書きなさい」というパターンが多いのですが、そのときに、読み方が的確であって、それが間違《まちが》っていないということを示す文章が小論文の中にさらりと書かれていると、ポイントが高くなります。これは、「自分は課題の意図を正確に理解している」というアピールになります。

そして、もっとも採点の点数が高い最高レベルの小論文は、課題文の主旨《しゆし》や著者が言いたいことを的確に捕《つか》まえた上で、それを自分の経験に引きつけ、少しずらすという形で新しい概念《がいねん》に発展させて述べていくものです。それが出来ている文章は、水準を超《こ》えていることになり、高い点数がつきます。

いま、ここで例に挙げたのは小論文の場合ですが、このように、読んだ内容を的確に把握《はあく》した上で書くことが、世の中で高い評価を得ることにつながります。

つまり、「書くこと」の背景には「読むこと」がある。「書くこと」と「読むこと」は密接に結びついているということです。「読み上手」と「書き上手」はそれぞれ単独に鍛《きた》えられる能力ではなく、「読み上手」になるには書く行為《こうい》を前提にして読むこと、そして「書き上手」になるには読まれることを前提にして書くこと、その前提を鍛えてこそ、「読み上手、書き上手」になれるわけです。

もう少しわかりやすく説明してみましょう。

私たちは文章を読むとき、書くことを前提として読んでいるわけではありません。また書くときも、読むことを下敷《したじ》きにして書く人は少ないと思います。

しかし作家などのプロの書き手は、読まれることを下敷きにして書いています。彼らの文章がなぜあれだけ完成度が高く、人を感動させるのかというと、読まれることを前提にして書いているからなのです。見られることを前提にしている女優が、どんどんきれいになっていくのと同じです。

しかし、私たちがふだんやっているのは、思ったことをだらだらとブログに書いたり、携帯電話で仲のいい友人に気楽なメールを打ったり、何でもいいから素直に書きましょうと言われて学校で作文を書かされたりということです。これらは明らかに、赤の他人が読むという行為が下敷きになっていません。

そうすると、トレーニングができていない体でいきなりゲームに出てしまうのと同じで、レベルの低いものしか書けません。元サッカー日本代表監督《かんとく》のオシム氏が、「とにかく走れない選手は試合に使わない」と言っていましたが、同じように、書くときも「書く以前に読めていないとしょうがない」「読むことを前提にしていない人は書けない」ということになります。

ですから、いいものを書くためには、ふだんから「読んでいる」という足腰《あしこし》作り、鍛《たん》錬《れん》が必要です。その膨大な蓄積《ちくせき》の上に、書くことがあると、私は考えています。

さらに実際に書くという作業の際にも、私の場合は、読んで聞かせるにはこれとこれを念頭においたほうがわかりやすいだろう、というような明らかに「読み」を意識した書き方をしています。このように「読み」と「書き」とは直接的に連動しているわけです。

しかし本来は当然であるはずの、「読むこと」と「書くこと」の強い連動が、普通の人にはそれほど意識されていないというのが私の印象です。

ですからこの本では、その両方をいっぺんに上達させるための授業をしているのだと思って読んでください。そのトレーニングを三日間でやろうと思います。三日間ついてきてくれれば、少なくとも足腰を鍛えるトレーニング方法は身につきます。あとはそのトレーニングを続ければ「読み上手」であり、かつ「書き上手」になれることは間違いありません。何しろ「読み上手、書き上手」はコインの表裏のようなものなのですから。

「本を読むのは好きだが書くのはちょっとね」という人もいるし、「日記やブログは書くけれど本は全然読まない」という人もいると思いますが、両方ともに役立つ内容です。

そしてこの本で「読み上手、書き上手」になる方法を身につけて、最終的には自己アピールのうまい人になって、競争の厳しい社会で生き残っていきましょう。

〈1日目〉「読むこと」と「書くこと」のつながりを見つけよう――基礎《きそ》編

読書感想文ほど書きやすいものはない

一日目は「読むこと」と「書くこと」のつながりを発見するために、「読むこと」の基礎トレーニングと、「読み」につながる「書く」について考えてみたいと思います。最初にとりあげるのは読書感想文です。読書感想文ほど「読むこと」と「書くこと」のつながりが明確なものはありません。

みなさんはよく、学校の授業で読書感想文を書かされた経験があると思います。でも、「読書感想文はあまり好きではない」という人が多いのではないでしょうか。読んでいるときは楽しかったのに、感想文を書けと言われるとうんざりする、という人がたくさんいます。これは、「読むこと」と「書くこと」が地続きになっていない明白なあらわれです。

私は読書感想文ほど書きやすいものはないと思っています。なぜかというと、書くネタとして最初から本という題材がたくさん用意されているからです。何もネタがない、まっさらなところで文章を組み立てるには、よほど工夫《くふう》しないと面白《おもしろ》いことは書けません。

エッセイストは身の回りに起きたことを何気なく書いているように見えますが、人が読んで面白いものを書くのは想像以上に大変なことです。それは、私たちがふだん友達と冗談《じょうだん》で笑いあっていることが、お笑い芸人のネタとして通用するかというと、通用しないのと同じです。

ですから、読書感想文のように元になる素材があって、それについて何かを書くのは、実は非常に書きやすいことだと認識しておきましょう。

しかも読書感想文は、「日本語」で書かれた素材を使って、それについて「日本語」という同じ素材で処理していくわけですから、素材の種類の違《ちが》う音楽や映画について書くのと比べれば、格段にやさしいはずです。何しろ作られた材質が同じなので、引用するときはそのまま持ってくることができます。

これがクラシックの交響曲《こうきょうきょく》について書くのであれば、そのメロディやCDの一部を、文章の中に組《く》み込《こ》むことはできません。絵でしたら複製を貼《は》り付《つ》けることはできるかもしれませんが、もしそれができなければ、絵の様子を言葉で伝えなくてはいけません。これはなかなか大変なことです。

しかし、読書感想文のように、文章で書かれたものについて文章で書くのは、おなじ素材同士が地続きになっているので、本当はいちばん簡単なのです。それが面倒《めんどう》くさいということは、相当書く力が弱いとみて間違いありません。読書感想文が嫌《きら》いだという人は、書くことが苦手だと素直に認めたほうがいいでしょう。

さらに言えば、読書は好きだけれど、読書感想文は書けないという人に対して、私は書くことだけではなく、読むことも出来ていないだろう！　と判定します。その人は読めているけれど書けないのではなく、読めていないから書けないのです。

「読めた」の基準とは何か？

そのように言うと、「そんなことはない、自分はちゃんと読んでいる」と反論する人もいるかもしれません。でも私の言う「読む」とは、中身をきちんと理解していることです。たんに目が一頁目の最初の文字から最後の頁の終わりの文字まで見た、ということを意味しているのではありません。

ほとんど脳が止まった状態で、目だけを動かして読んだつもりになっているのは、「読めた」という判断基準には入りません。ちゃんと読んだという証明をどうやってするかというと、「この本の中のどこが面白かったか」「読みどころはどこか」「著者が言いたいことは何か」「読んだあなた自身がそこから何を連想したか」「学んだことは何か」「この本の中で引用したい箇所《かしょ》はどこか」と質問して、すぐに話せるかどうかでわかります。それができない場合は、頁の最初から最後まで「見た」としても、読んだことにはならないのです。

ましてや、話せないことは、書けるはずがありません。まずは「話す」という段階が中間にあって、その精度を高めて「書く」という段階に行くのが普通だと思います。

もちろん上手《うま》くしゃべれなくても、すばらしい文章を書く人もいます。それは書く文章の精度がとても高く、口でペラペラとしゃべれないほど内容が洗練《せんれん》されている場合です。しかし、この本で私が目指しているのは、そういう〝書き職人〟のような「匠《たくみ》」のレベルになることではありません。きちんと読めて、その内容を話せて書ける。あるいは、書いたものが相手にわかるようにまとめられて、それを読んだり、話したりしても言いたいことが伝わるという、一連の能力が身についた人になることです。

それでは課題をひとつやってみましょう。

課題　あなたが最近読んだ本について、「その本の面白かったところは何か」「著者が言いたいことは何か」「あなたがそこから学んだことは何か」について三分間で話しなさい。

どうですか？　きちんと「読めて」いたでしょうか。きちんと読めていなければ、書くこともできません。まずは、それをわかってください。

足腰《あしこし》を鍛《きた》えるのはどんな本か

では「読む力」を鍛えるためには、どんな本を読んだらいいかについて、考えてみましょう。

電車の中で本を読む人の率を見てみますと、私が東京に出てきた三〇年前とは比べものにならないくらい減っています。

昔は電車の中で文庫本を読んでいる人が数多くいたのですが、いまはだいたい携帯をいじっているか、寝《ね》ているかです。こまめに本を読むことが少なくなってきたので、いろいろな調査を見ても、本を読まない人の割合がとても高くなっています。読む本の種類も、名作文学ではなく、簡単に読める推理小説などのエンターテインメント系の本や軽いエッセイや、ハウツー本が多いようです。

しかし昔は子供でもかなり難しいものを読んでいました。小学生くらい向けの立川《たちかわ》文庫という文庫がありましたが、その内容はいま読んでもかなり高度なものです。

また、福沢諭吉《ふくざわゆきち》の『学問のすゝめ』は、小学生向けに書いたと諭吉自身が言っているくらいですから、明治時代は小学生が平気で『学問のすゝめ』を読んでいたわけです。しかしいま読んでみると、中身は決してやさしい文章ではありません。それを子供から大人までほとんどの人が読んでいたと、『武士道』を書いた新渡戸稲造《にとべいなぞう》は言っています。あるいは、夏目漱石《なつめそうせき》の『こころ』を小学生が読んで、熱烈《ねつれつ》なファンレターを出したという話もあります。「あれは、あなたのような小学生が読むものではありません」という内容の漱石の手紙が残っています。昔の人は、子供であっても、かなり高度な文章を読み解く力があったわけです。

なぜこれほど高度な文章が読めたのかというと、昔は子供用のやさしい文章がほとんどなく、小さい頃《ころ》から難しい文章を読んでいたので、文章の硬《かた》さに慣れていた。さらにいまの幼稚園《ようちえん》くらいの年齢《ねんれい》から『論語』を音読していたため、漢字にも慣れていました。やはり「読み上手、書き上手」になるひとつのポイントは、漢字慣れをすること、もう少し広げて言うと、活字慣れをすることでしょう。活字に体を慣らしていくことが、先決なのです。

そのためには、まずは読みやすいながらも中身がしっかりつまったものを読むようにしてほしいと思います。二六～二七ページに一〇代、あるいは学生時代に読んでおきたい本のリストをあげてみましたので、参考にしてください。

そして読み終わったら、必ず二二ページの**課題**のように、「その本の面白かったところは何か」「著者が言いたいことは何か」「そこから学んだことは何か」を話せるようにしてください。そして、それらの内容をまとめて読書感想文を書いてみましょう。リストの本を全部制覇《せいは》したら、かなり「読む力」「書く力」は鍛えられているはずです。

新聞のパラ見をしよう

中身のある高度な本を読むのが集中トレーニング、言ってみればスポーツジムでのトレーニングだとしたら、ふだんの生活の中で体を動かすトレーニングも必要です。

ここでひとつ質問です。みなさんは家で新聞を購読していますか?

ちなみに、いま一人暮らしをしている大学生の新聞の購読率は極端《きょくたん》に落ちているそう

アゴタ・クリストフ『悪童日記』(ハヤカワ epi 文庫)

戦禍を逃れ、祖母の家に預けられた「ぼくら」の目を通して、世界の不条理や人間の真実を無駄のない短い文章で綴ってある。日記文学のお手本のような傑作。

辛酸なめ子『癒しのチャペル』(白夜書房)

東大入学式、女子アナイベントなど、さまざまな場所にひっそり潜入した体験を綴ったルポルタージュ。目のつけどころの面白さと、体験を自分なりの角度で切り取っていることが参考になる。

土屋賢二『ツチヤの口車』(文藝春秋)

自分のスタンスを〝恐妻家〟と位置づけることによって、見逃してしまいそうなところを軽やかについてくる、エッセイのお手本。

石川英輔『大江戸えころじー事情』(講談社文庫)

著者がフィールドにしている「江戸」の事情に詳《くわ》しくなることによって、どんどん書きたくなっている様子や、既成概念にとらわれないことの楽しさが伝わってくる一冊。

舞城王太郎『阿修羅ガール』(新潮文庫)

現代の女の子の文体で、リアルな世界とそうでない世界を彷徨《さまよ》う少女の姿を描いている。リズムのいい文章で、一気に読ませる。

→今回は、肩肘はらずに気軽に本に慣れ親しんでもらうための10作品を選んだ。

森見登美彦『太陽の塔』（新潮文庫）

妄想癖《もうそうへき》のある理系の学生が、初めての恋人、そして失恋に立ち向かうべく奔走する。発想の面白さと、やわらかい文章だけど知的かつユーモアのある文章が読ませる。同著者の『**新釈 走れメロス 他四篇**』は、原作を参考にしたアナザーストーリーを書くときの参考にもなる。

P. G. ウッドハウス『それゆけ、ジーヴス』他、〝ジーヴス〟シリーズ（国書刊行会）

英国の天才執事ジーヴスを主人公にした、傑作《けつさく》コメディ。英国人の感性を楽しく学ぶことができる。シリーズ化されているので、毎日少しずつ読んでみて。

高橋秀実『素晴らしきラジオ体操』（小学館文庫）

日本人とラジオ体操の謎《なぞ》に迫った、ユニークな一冊。徹底的に分析する視点が、楽しくて知的。とにかく爆笑しながら読んでみよう。

「知の再発見」双書（創元社）

文化全般に渡《わた》るさまざまなテーマを、ビジュアルと文章で楽しめる。知的好奇心が刺激されるシリーズ。私のオススメは『ダリ』と『ブッダの生涯』。

山下和美『不思議な少年』（マンガ、講談社）

永遠の生をもって「人間」を見つめる少年を通して、人間の不思議に迫《せま》ったシリーズ。一話完結で、『ソクラテスの弁明』などからヒントを得ている巻もあるなど、目のつけどころが面白い。

です。理由の多くはお金がもったいないからですが、そもそも新聞なんか必要ないと言う人もいます。なぜならテレビや携帯のニュースサイトやインターネットで、用が済《す》んでしまうからというのです。

かつての日本人はみな、朝起きたらまず新聞を読む、食卓で読む、通勤で読むということを習慣にしていました。毎日「読む」トレーニングをして、日本の高度成長を支えていたのです。

しかしいま、新聞の購読率が激減《げきげん》しているということは、毎日日本語力の〝足腰〟を鍛える訓練を楽しみにしていた世代が消えつつあるということです。これは日本にとって、大変危機的《ききてき》な状況《じょうきょう》です。昨今の日本の世界における弱体化も、毎日「読む」トレーニングをしなくなった世代が大量に出現したことと無関係ではないと思います。

ですから、私は密《ひそ》かに〝活字中毒〟プロジェクトを推進しようとしています。昔は私たちの周りに〝活字中毒〟といわれる人たちがたくさんいました。何を隠《かく》そう、私もその一人です。

〝活字中毒〟になると、活字がないと落ちつきません。アルコール中毒の人が、お酒なら何でも飲むのと同じで、〝活字中毒〟の人も新聞から雑誌、新書のような学問や情報を扱《あつか》ったものから小説まで、手当たり次第にいろいろなものを読んでいたいという欲求《よっきゅう》にかられます。日常的に運動している人が、じっとしていると体を動かしたくてたまらなくなるのと同じです。日本中を〝活字中毒〟にしてしまえば、日本の知的レベルは少なくともいまよりはアップするでしょうから、かつての高い日本の教育水準を多少なりとも取《と》り戻《もど》せるのではないでしょうか。

身の回りにいつも活字があり、それを読むのをくせにする。そのためには、活字がたくさんつまった新聞に、毎朝目を通す習慣はとても効果があると思います。新聞をパラパラ見て、内容が即座に把握《はあく》できるようになれば、「読む」基礎訓練になります。活字に強い〝基礎体力〟をつくるため、今日からぜひ新聞をとり、毎日、活字メディアにふれる環境を作ってください。それが「読む力」をつける筋トレになるでしょう。

〝ながら読書〟で活字にふれる時間を増やす

もうひとつ、みなさんに質問します。一日の中でトータル何時間活字にふれていますか？ 一日二時間以下でしたら、活字が苦手な人の部類に入ると思います。ほとんどの人はここに入ってしまうのではないでしょうか。この本の目標は、これを一日二時間以上にアップさせることです。活字の種類は雑誌でもいいので、二時間という数字はそれほど難しい目標ではないと思います。そして、できれば一日五時間、六時間というように増やしていって欲《ほ》しいのです。

私が大学生の頃は、読むという行為《こうい》に一日に一〇時間くらいは費やしていたように思います。それは極端かもしれませんが、そもそも学生とは、それくらい活字を読んで学ばなければならない存在です。なぜなら知識を早く的確に吸収するためには、本を読むのがいちばんだからです。もちろん講義も受けますが、授業中にも課題図書やお勧《すす》め本が先生の口からどんどん出てくるでしょうから、それらを読むのが学生の仕事です。

私の場合は、「柳田国男《やなぎだくにお》全集を読んでいない人は学生とは呼べない」という先生がいて、田舎《いなか》から出てきた私はそれを真《ま》に受けて、素直に全集を買ってしまったことがあります。買ったはいいけれど、何十巻もあるので、全部読むのはさすがに無理でした。

昔はそんなふうに学生を挑発《ちょうはつ》する先生が多く、学生も果敢《かかん》にそれを受けて立ったものでした。そうした環境の中で、活字に時間を費やす訓練が繰《く》り返《かえ》され、本がたくさん読めるようになっていきました。ですから生活の中で、活字を読む時間をできるだけ増やす努力は必要です。

すると、「どうやったら本を読む時間が作れるでしょうか」と質問する人がいます。

しかし、トヨタ自動車の社長であった奥田碩《おくだひろし》さんや、伊藤忠商事《いとうちゅう》の社長であった丹羽《にわ》宇一郎《ういちろう》さんなどは、読書を大量にしています。そして、読書をすることが経営者にとって、とても大事だと言っています。みなさんの中でトヨタの社長より忙《いそが》しい人なんて、はたしているでしょうか？　忙しさは理由にならないのです。私からすれば、「いったいいつ本が読めないのですか」と聞き返したくなります。本を読む時間がないという人は、改まって「読書の時間」を設定しようと考えるから難しいのです。

そうではなくて、読書とは常に何かをしながらでもできるものだ、と考えてください。活字を読むことと同時進行で、連動してできない行為はほとんどありません。唯一《ゆいいつ》、寝ることぐらいです。寝ているときは、意識を失っているわけですから、当然読書はできません。でもそれ以外に、読書をしながらできないことを私は思いつきません。たとえば食事をしながらでも、本を読むことはできます。人と一緒《いっしょ》に食事をする場合は難しいかもしれませんが、一人で食事をするときは大丈夫《だいじょうぶ》です。

テレビを見ながらというのも、絶好の読書タイムです。テレビだけを見るという過ごし方は、とてももったいないことです。テレビの内容はほとんどがスカスカですから、〝ながら〟で見るくらいがちょうどいいのです。

私の場合は、乗馬マシンのような健康ダイエットマシンに乗りながら、テレビを見て、読書をするのが、ちょうどいいリズムになります。本を読みながら、テレビが面白いところにきたときに、チラッと見ると、だいたい様子がわかります。野球中継《ちゅうけい》を見ていても、野球はほとんど動きがないので、逐一《ちくいち》じっと見ていても時間の無駄《むだ》です。アナウンサーの声が一瞬盛《いっしゅんも》り上《あ》がったときに目をやれば、それですみます。相撲《すもう》もそうです。土俵上《どひょうじょう》で取り組みをしている時間は数十秒です。それを最初から真面目《まじめ》にずっと見ている必要はないわけです。

ただでさえ時間がない現代人は〝ながら〟を技にしないと、なかなか「読み上手」にはなれない、というのが私の実感です。

また、〝ながら読書〟をするには、本を読む姿勢も大事です。私は子供のころから、寝っころがって本を読む習慣がありました。勉強するときは机に向かって姿勢よくやったほうがいいのですが、本はお風呂《ふろ》やトイレの中や電車に乗るときなど、あらゆる場面であらゆる時間を使って読めたほうがいいので、どんな格好でも読めるようにしておいたほうがいいでしょう。

そして、あらゆる時間、空間の隙間《すきま》に活字を用意しておくようにすると、それが当たり前になってきて、つねに脳が活字を要求するようになってきます。つまり、〝活字中毒〟の状態が作り出せるわけです。

課題　あなたは一日に何時間活字にふれていますか？　活字を見たり、読んだりした時間をトータルしてみましょう。その時間を一日五時間にふやすために、〝ながら読書〟を技にしてみましょう。

この課題は宿題として出しますので、日々の生活の中で努力してみてください。

〝活字中毒〟のメリット

日常のあらゆる場面に活字がある状態になった場合、生活に何か支障《ししょう》が起きるでしょうか？　もし起きるとすれば、唯一《ゆいいつ》、人間関係においてです。アラン・シリトーの『長距離《ちょうきょり》走者の孤独《こどく》』（丸谷才一・河野一郎訳、新潮文庫）という本の中に、『漁船の絵』という短篇《たんぺん》があります。そこにはまさに〝活字中毒〟によって引き起こされる問題が描《えが》かれています。

主人公の男はインテリではありませんが、本が大好きです。四六時中読んでいると、付き合っている女性が「あなた、本ばかり読んでいないで、私の相手もしなさいよ」と言います。男は「わかったよ」と言いながらも、また本を読んでしまいます。すると、とうとう女は男の元から去ってしまいます。ひとり残された男は、「あのとき本ばかり読んでいないで、もう少し何かしてやれば良かったなあ……」と後悔《こうかい》する話です。

たしかに本好きも度を超《こ》すと、恋人《こいびと》にきらわれる危険性《きけんせい》がないわけではありません。しかし、それならいっそのこと相手も本を読む人を選べばいいわけです。そうすれば互《たが》いに本を読みながら話すという、これまた、〝ながら〟の技術を発達させることができます。本を読みながらも、的確に相手が伝えたいことを外さないで言葉を返すのは、なかなかの技術です。この技を鍛えない手はありません。

また、本を読んでいる人たちが日常の会話の中で使う語彙《ごい》（言葉の豊かさ）は、読まない人たちの語彙とは決定的に違います。思考様式や思考の密度も違うので、毎日一緒に暮らす子供たちがいる場合、影響《えいきょう》を与《あた》えないわけはありません。

端的な例が国語です。とくに勉強をしたわけではないのに、国語だけはできるという人は、家庭環境に恵《めぐ》まれていたのだと私は思います。国語という教科は、数学のように基礎からきっちり積み上げていくというよりは、教わらなくても何となくできていく教科なので、家庭内での活字量、つまり親が蓄《たくわ》えた活字量が子供にストレートに反映されてしまいます。

親がわりと読書好きであった場合、子供は本を読む行為が当たり前になっていき、読書好きになっていく傾向《けいこう》が見られます。家に本棚《ほんだな》がない家とある家では、ある家の子供の方が自然に向学心が芽生えていくわけです。

本棚の話で思い出しましたが、宮沢賢治《みやざわけんじ》の『銀河鉄道の夜』の最初の場面で、学校の先生が天の川の写真を指して、「みなさん、これは何だかおわかりでしょうか?」と聞きます。みんなはわからないのですが、ジョバンニは「ああ、これはカンパネルラの家で見たことがある」と思います。

カンパネルラの家は、お父さんが本好きで、本や星の写真がたくさんあります。ジョバンニは友だちの家に行ってそれを見ることで、記憶《きおく》に焼きつき、本がたくさんある家に憧《あこが》れてしまうのです。

友だちのお父さんの本を見て影響を受けるくらいですから、ましてや自分の家に本があれば、親の本を全部読むわけではなくても、その環境が子供の知的好奇心に影響を与えないわけはありません。

知的な思考能力は「読む」という行為に支えられているのですから、家族全員が活字に浸《ひた》って〝活字中毒〟の道をつき進むメリットは、はかりしれないほど大きいのです。

読む雑誌の種類を増やしていく

活字にふれる時間がなかなか増やせないという人は、まずは雑誌でもいいので、読む種類を増やしてみてはどうでしょうか。

本を読むのは少し気が重いという人も、雑誌なら読みやすいと思います。雑誌は文章が短いので、すぐに読めてしまいます。読むのに集中力はいりませんし、それほど負担はかかりません。まずは活字に体を慣らすという意味で、好きな雑誌の種類を増やしていきましょう。女性だったらファッション系の雑誌でもかまいませんし、男性ならスポーツ関係の雑誌でもかまいません。とにかく雑誌を読んで、その世界にどっぷりはまり込むという練習をしてみるのが、最初のスタートです。

雑誌に慣れたら、次の段階として、雑誌の中のエッセイやコラムに注目してみます。雑誌にはいろいろな文筆家が文章を書いています。その中で気に入った文筆家がいれば、その人が書いた本をまとめて読んでみるといいでしょう。気に入った考え方の人、気に入った文体の人をそこでセレクトしていくと、雑誌をきっかけにして、単行本や文庫本の世界にスッと入っていけます。

最初はあまり難しく考えず、まずは活字にふれる時間を増やす取《と》っ掛《か》かりをつかんでみてください。

面白そうなものにアンテナを立てる

自分で買うのがもったいないという人は、喫茶店《きっさてん》や漫画《まんが》喫茶、銀行、病院、ガソリンスタンドなど、さまざまなところに置いてある雑誌を見ればいいでしょう。

そういうとき、おすすめなのはふだん自分が手にしないような雑誌を見ることです。するとアンテナが広がってきます。たとえば男性は女性誌をほとんど読みませんが、銀行に行ったら、わずかな待ち時間の間に、女性誌をパラパラとめくってみるだけで、「こういう状況になっているのか」と世の中のことがわかります。

また、いろいろな種類を読むうちに、面白そうなものにビビッとアンテナが立ってきます。このアンテナを立てるという作業が、「読み上手、書き上手」のいちばん根っこにあるものです。

面白そうなものを探《さが》すアンテナが発達してくると、読むものにハズレがなくなってきます。しかもアンテナの幅《はば》が広ければ広いほど、読みたくなるものがたくさん増えてきます。「読む・書く」ということの大もとにある知的好奇心がどんどん刺激されてくるわけです。ここが大切です。

「話す・聞く」の場合は知的好奇心がそれほどなくても、普通にできます。しかし「読む・書く」というのは、どこか根本に知的好奇心がないと、なかなか上達していきません。

アンテナを広くするためには、まずたくさんの種類のものを読むことから始めてください。すると芋《いも》づる式に世界が広がっていきます。

たとえば古い時代のことに興味が芽生えたとします。エジプトの考古学とか、日本の縄文《じょうもん》時代の話といった本を探していくうちに、縄文時代に関して岡本太郎《おかもとたろう》が書いた本に行き当たったとします。それは縄文の土器を美術作品として評価した本ですが、その本をきっかけにスライドして、岡本太郎のワールドに入っていくことも考えられます。

岡本太郎ワールドに入ったら、次に美術関係の本に行ってもいいし、岡本太郎の友だちだった、ジョルジュ・バタイユに行ってもいいでしょう。あるいは岡本太郎の先生だった、社会人類学者のマルセル・モースという人の本に行くのも楽しいと思います。

このように、世界はいくらでも広がります。一つのきっかけで知的好奇心を芋づる式にどんどんつなげていって、少しずつスライドさせていくと、この世界で何が何に影響を与えているのかという関係性が見えてきますし、ほとんどの物事がつながっていること

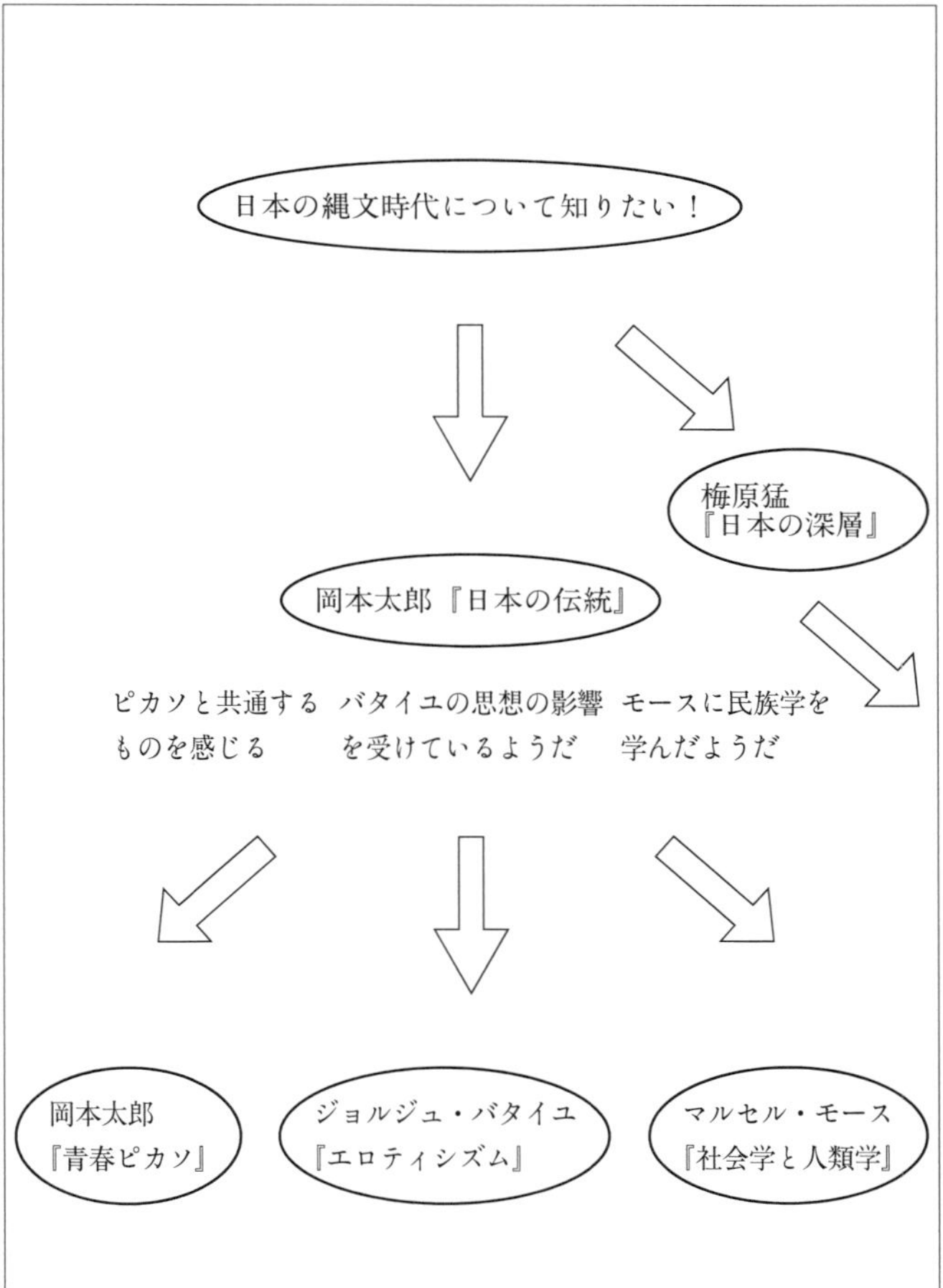
日本の縄文時代について知りたい！
梅原猛
『日本の深層』
岡本太郎『日本の伝統』
ピカソと共通するものを感じる
バタイユの思想の影響を受けているようだ
モースに民族学を学んだようだ
岡本太郎
『青春ピカソ』
ジョルジュ・バタイユ
『エロティシズム』
マルセル・モース
『社会学と人類学』

芋づる式読書のつなげ方

とがわかります。そのため、一つの領域だけがすごく好きで、深く掘《ほ》り下げようとすると、本当に深く読むには、必然的に広く読まざるを得なくなって、芋づる式にワールドが広がっていくのです。

広く読む？　深く読む？

よく「広く」読むほうがいいのか、「深く」読むほうがいいのかという質問がありますが、それに対する答えは、「広く読むことと深く読むことは連動していて、両方できる」というのが正解です。

広く読んでいる人はだいたい深く読める、というのが私の考えです。なぜなら深く読むためには、ある程度広く読まないと、そこまで深く掘れないからです。それは掘る道具をイメージしてもらえれば、よくわかります。

読む力は、そこから何か意味を掘り出す力ですから、掘り出すために、その人がどんな道具を持っているかが重要になります。言ってみれば、手で掘る人と子供用のシャベルで掘る人、スコップやツルハシで掘ってやる人、電動のユンボーで掘っている人、もっと大きなショベルカーで掘る人、はてはボーリング機械みたいなものを持っていて、ガンガンガンガンと掘り進んで、温泉や石油を掘りあててしまう人とでは、掘り出せるものもまったく違うわけです。

広くたくさん読んでいる人のほうが、掘る機械が巨大化《きょだいか》します。だから一気に深くまで届く機械を手に入れるためには、たくさん本を読むことが大事で、冊数が増えるたびに、機械がバージョンアップしていくのだと思ってください。

いままで本を年間一〇冊以下しか読まなかった人は、手で掘っている状態です。年間三〇冊で子供のシャベルくらい。スコップやツルハシの段階になるには、やはり年間で五〇冊は必要でしょう。そして一〇〇冊まで行けば、電動式でガリガリと掘り起こすくらいのレベルにはなるので、少々難しい本を読んでも大丈夫だと思ってください。

年間に一〇〇冊を毎年積み重ねていけば、一〇年で千冊になります。千冊読めば、「読む力」は完全に身につきますので、どんなものを読んでもサラサラと目を通しただけで、だいたいのことがわかるようになります。

早く読めるということと理解の正確さは、連動しています。つまり早く読めれば読めるほど、書いてある内容が正確に理解できるようになるということです。ですから、いろいろなものを広く読むほうがいいのか、一冊の本を深く読むほうがいいのかという、二者択一《たくいつ》の問いの立て方自体が間違っていたと言えます。広くたくさんの本に目を通して、特別気に入ったものをじっくり読めばいいのです。本読み上手な人はみな多読しています。

読んだものの吸収度を高める

次に大切なのは、読んだものを無駄《むだ》にしないというか、読んだものを力にしていく吸収度です。時間をかけて読んでいても、吸収度が低いと、結果的に時間の無駄になってしまいます。本を読むなら、できるだけそれを吸収して、一〇冊読んだものが、一〇冊全部使えるようにするべきです。

ですから、二〇冊読んだけれども、ほとんどその内容が朦朧《もうろう》としているという人よりは、一〇冊しか読まなくても吸収度が高ければ、二〇冊読んだ人より、ずっと「使える読書」をしたことになります。そこが重要です。そのためにはただ「読むために読む」意識ではなかなか「使える読書」にはなりません。

人は誰《だれ》かに何かを伝えなければいけないと思うときに、真剣《しんけん》になります。ですから、読んだ本について人に話す、ということが、吸収度が高い読書をする秘訣《ひけつ》です。

その点、学校の先生は生徒に伝えるのが仕事ですから、本を読むときも、何かいいことが書いてあれば、「これを生徒に伝えよう」と思って読むので、吸収度が高い人たちです。教師は本を読む環境に恵まれている人たちといえます。

私は岩波新書で『教育力』という本を書きましたが、ある読者の方から手紙をもらいました。その人は岩波新書を一巻から全巻読んできたというのです。その上で、私の『教育力』について批評《ひひょう》してくれたのですが、すごい人がいるものだと思いました。その方もやはり教師をしていらしたそうです。

かつてはそういう人たちが、読書文化をリードしていました。教師が本を読めば、授業で教壇《きょうだん》に立ったときに、当然本の話が出てきますから、子供たちは、本を読むことを当たり前に思うわけです。

私が子供の頃も、先生はよく本の話をしてくれました。中学生の頃は、いろいろな先生が毎週のように違う本の話をしてくれました。国語の白石《しらいし》先生という人が梅原猛《うめはらたけし》の『隠された十字架《じゅうじか》』という本の話をしてくれたことがあります。

中学生が自分から梅原猛の本を手にとることはまずありません。梅原猛の名前を知る生徒もほとんどいないでしょう。でも、先生が面白そうに話していたなあと記憶に残ると、その後、高校生や大学生になったときに、本屋さんで自然に手が伸びます。

私は大学で将来教員をめざす学生を教えていますが、彼らに言っているのは、どんな教科の先生になろうとも、授業の最初の五分間は読んだ本の話をして欲しいということです。社会科の先生がグールドの『ダーウィン以来——進化論への招待《しょうたい》』の話をしても、ドーキンスの『利己的な遺伝子《いでんし》』の話をしてもかまいません。読んだ本の話を子供たちに伝えることで、知的好奇心が刺激され、読書が好きな子供が育つと考えています。

教師を例にあげてきましたが、みなさんも「読み上手」になろうと思ったら、話す相手を見つけることから始めてみましょう。

本のポップを書いてみよう

本の内容を人に話すことを前提に本を読むのが、本の吸収度を高めるコツだという話をしてきました。そして話すことに慣れてくると、次は本を人にすすめる文章を書いてみたいと思うようになります。ここに「読む」ことと「書く」ことをつなげる、つなぎの重要なポイントがあります。

話すことを意識して読めば、書けるようにもなる。「読む」「話す」「書く」は完全な地続きになっているわけです。

読書感想文が苦手だという人が多いのは、それが感想文というより、反省文に近い感じで書かされるからではないでしょうか？ 「そこはどうだったの？」「どう感じたの？」といちいちチェックを入れられ、読んだことを証明させられるからだと思うのです。

ですから私は小学生相手の塾《じゅく》や大学で、読書感想文ということを特に意識せず、自分が好きな本を人にすすめる文章を書いてもらうようにしています。

まず簡単なところから言いますと、長い文章を書くのは面倒くさいなら、気になる本を持ってきて、その本のポップを書いてもらうことにします。ポップというのは書店で本のそばに立っている紹介文《しょうかいぶん》のことです。

「この本はこういうふうに面白かった」というような文章を小さな紙に書いてもらうと、誰でもけっこう上手に書けるものです。キャッチフレーズを作るのは、なんとなく遊びっぽいので、楽しんでできます。

さてここで課題です。

課題　あなたが好きな本のポップを書いてみましょう。本屋さんに立ててその本が売れるような紹介文を考えてください。

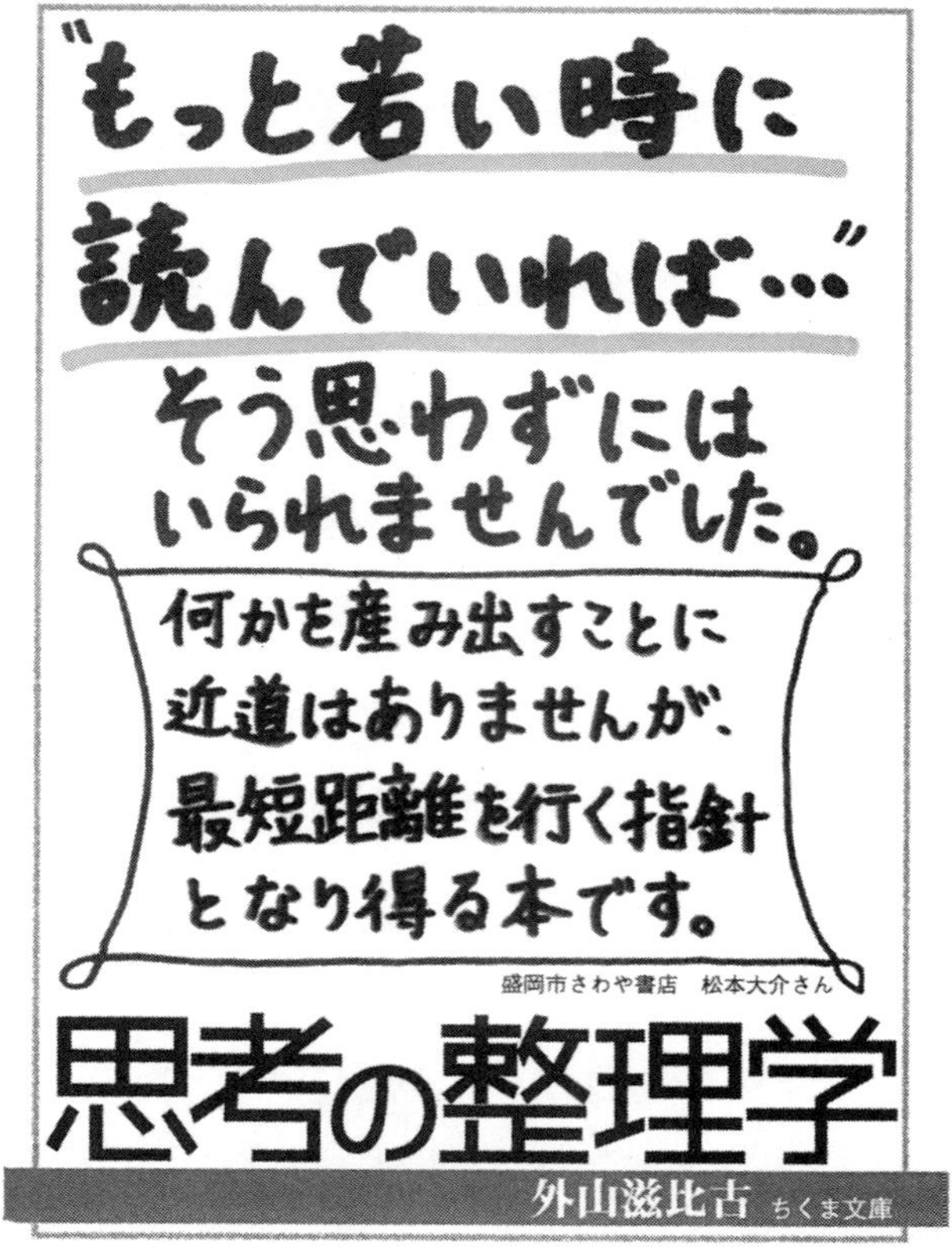

思わず読みたくなる魔法のポップ！（盛岡市さわや書店の松本大介さん作の手書きポップ）

いかがですか？　面白い紹介文が書けましたか？

このポップの文章を少しずつ長くしていけば、立派な推薦文《すいせんぶん》になります。推薦文がなぜ書きやすいかというと、自分が気に入ったものを他の人に伝えたり、広めたいという気持ちは、みんなが持っているものだからです。

感想文は自分の感想だけで終わってしまいますが、推薦文は、外に向かって広がっていく文章なので、書きたいというモチベーションがあがります。

さて今度は、ポップよりもう少し長い推薦文に挑戦《ちょうせん》してみましょう。上手に推薦文を書くコツは、「なぜこの本をお勧めするか」の理由を口に出して言ってみるといいと思います。独り言からでかまいませんから、何回か口に出していると慣れてくるので、ここがいちばんの山場だという箇所を見つけて、決めゼリフとともに抜《ぬ》き出《だ》すのです。これが出来るようになると、面白い話になっていきます。

私は授業で読んだ本について学生同士で紹介してもらっていますが、本からの引用を

上岡伸雄『この風にトライ』（集英社）推薦文
齋藤孝

『バッテリー』に感動したら、次はラグビーだ！


冷えた身体じゃ、何も始まらない！

体ごとぶつかりあってみろ！

必ず何かが始まるはずだ。

そんな熱いメッセージが、ぜんぶのページから、湯気のように立ちのぼってくる。

著者の上岡さんは、英文学者にして生粋《きっすい》のラグビー狂だ。

英文学者が少年たちを熱くさせる小説を書くのは一見フシギなようだが、そういえば、漱石も英文学者だった。

ラグビーは、汗をかいて泥だらけになりながら、仲間と肩をくみ助け合って「前へ」進んでいく。

これからは、こんな熱い体と心が必要なのだ。

「いいか、他人をいじめる人間というのは、脳みそと体が離れちゃったやつなんだ」

こんな熱いメッセージに出会える作品だ。

著者作、推薦文の見本

組み込めると、ずいぶん上手な紹介になります。あらかじめ本にかかわる短い文章を書いてもらいます。原稿《げんこう》用紙に書く人もいますが、いまはパソコンで書く人がほとんどなので、そのとき、「書き上手」になるコツとして、引用文を先に打ち込むように指示しています。

私は論文や本を書くときに、どうしてもこれは必要だという引用部分をまず打ち込むことにしています。それを打ち込んでおくと、原稿の何分の一かは確実に埋《う》まっていきますから、それだけでずいぶんと気が楽になります。

引用文を打ち込んだ状態で眺《なが》めてみると、なぜその文章を引用したのか、引用する文脈を作らなければなりません。その引用に対して自分の意見を書いていき、次の引用部分につなげていくためには項目を入《い》れ換《か》えて……というように考えていきます。

つまり、引用文の前後につなぎのように服を着せていく感じです。裸《はだか》の引用ではみっともないわけですから、ちゃんと服を着せて正装《せいそう》させて、化粧《けしょう》してという感じで前後の文脈を作っていき、それをつなげていくと、ちょっとしたファッションショーのように全体がつながって、ひとつの論文ができあがるわけです。

課題　なぜその本をお勧めするのか、その理由を話してみましょう。話せたら、今度は決めゼリフを入れて推薦文を書いてください。

古本屋に渡《わた》せないほど書き込みを！

私も昔は、書いたり話したりすることを考えずに、漠然《ばくぜん》と本を読んでいた時期があって、その時代に読んだ本は何となくしか覚えていません。

よく「読んだ本の内容を忘れてしまうのですが、どうしたらいいでしょうか？」という人がいますが、そういうときは、引用したい内容のところに赤や緑で線を引き、それを人に話せばいいと思います。不思議なことに、ただ読んだことや聞いたことは忘れますが、自分の話したことは忘れにくいものです。読んでいる途中《とちゅう》でも、とにかく人に話してみることをお勧めします。最後まで読み切れないことも多いですし、読んでいる最中は盛り上がっていますから。

さらに、書いたことはもっと忘れません。エネルギーを使う分、定着度が高くなるのでしょう。ですから、本当に大事なことは一回書いてみるといいと思います。

このように、最終的に書くということを前提にして読むようになると、どこをどう引用したらいいのかについて敏感《びんかん》になるので、吸収度があがります。

引用を確実にするために、私の場合、本を読むときは赤、青、緑の入った三色のボールペンが欠《か》かせません。四色ボールペンなら、この三色が入っています。色の使い方はまず「著者がいちばん言いたい、絶対に大切なところ」は「赤」、「情報としてまあ大事だろうというところ」は「青」、そして「自分のツボにはまったところ、おもしろいと感じたところ」は「緑」で線をひいていきます。

いちいち色を切《き》り換《か》えるのが面倒くさければ、初めは一色だけで押《お》し通《とお》してしまってもかまいません。ちなみに緑だけでやると気楽に進みます。それも面倒くさければ、キーワードだけを拾って、どんどん丸で囲って読んでいく「キーワード主義」の読み方もあります。すると面白いように早く読めます。キーワードがたくさんあって大切だと思うところはページの下の端《はし》を折《お》っておいて、その中でも引用したくなるほど良いところは上の端まで折っておくといいと思います。

もっと目立たせたいなら、付箋《ふせん》を貼《は》っておいてもいいでしょう。そうやっていろいろ工夫していくと、本を〝読んだ感〟が出てきます。たとえていえば、野球選手の使い込んで手になじんだグローブや、足になじんだスパイクのような感じです。

あちこち折り曲げてある本を見ると、「ああ自分仕様になったなあ」という実感が持てます。そこまでなじんでしまうと、これはもう古本屋には売れない、という思いがこみあげてきます。

読んでは古本屋に回すことが習慣化している人も多いかもしれませんが、古本屋に売っていいような本は、あえて買う価値もないのではないかと私は思います。そういう本は、図書館や本屋の立ち読みですませてしまえばいいでしょう。

自分に本当に必要な本は、思わずそこにチェックを入れたり、線を引いてみたくなるはずです。そういう本をそろえていくと、ひじょうに栄養の吸収感がよい本が本棚に並ぶことになるでしょう。

課題　三色ボールペンを使って、本を読んでみましょう。

この課題は宿題とします。これから本を読むときは、三色ボールペンを片手に読む習慣をつけましょう。

一日目の講座はこれで終了《しゅうりょう》です。どうでしょうか？「読む・書く」について少しは自信が持てそうですか？「読む」と「書く」が地続きであることを踏《ふ》まえ、二日目の応用編にそなえてください。

〈2日目〉「読み書き」をもっと極めるために――応用編

引用を使った「書く」練習

二日目はまず「書く」練習から始めましょう。一日目の最後に、三色ボールペンで引用したい箇所《かしょ》に線を引き、それを組《く》み込《こ》みながら書く練習をしました。二日目はその技《わざ》を使って実際に書く練習を始めます。

この間も、小学生を対象にした「齋藤《さいとう》メソッド」の塾《じゅく》で、マンガを作文にする授業をやりました。小学生に『ドラえもん』のある一話を配って、「のびた君の言った言葉をそのままかぎカッコで使っていいから、このストーリーを全部、原稿《げんこう》用紙に書き直してね」と言ったのです。次の回には、ほとんどの小学生が忘れずに持ってきて、こうすれば「小学生でも書けるんだ」という発見をしました。

みなさんも挑戦《ちょうせん》してみてください。マンガは、すでにセリフが書かれていますから、それをすべて書き出し、セリフとセリフの間を補いながらつないでいくと、文脈を読み取る力が養えます。その上、セリフの引用が多いので、たくさん枚数が書けて、シナリオライターになったような気分が味わえます。

一話だけで、だいたい原稿用紙五～一〇枚くらいにはなってしまうでしょう。それだけ書ければ書くことに少しは自信がつくはずです。

課題　『ドラえもん』の一話分のストーリーを、セリフをつなげながら、原稿用紙にまとめてみましょう。

『ドラえもん』を教材にしたのは、「書く」ハードルを低くしたかったからです。みんな真っ白な紙や原稿用紙が嫌《いや》なのです。私も実をいうと、原稿用紙はあまり好きではありませんし、一字も書かれていない原稿用紙を見ると緊張《きんちょう》します。

ですからまずは、マンガや本からセリフを引用して、それを組み込んで書く技を身につければ、書くことが楽になってくると思います。

小説風に書いてみよう

ここでさらにもう一歩進んだトレーニングをしてみましょう。先程書いた『ドラえもん』のストーリーを、会話以外の文章はできるだけ難しくして書き直してみてください。要するに文字にされていないドラえもんやのび太君の表情や、コマからコマへ移る瞬間《しゅんかん》のちょっとした展開の飛躍《ひやく》について、わざと難しい文章でつなげていくわけです。

たとえば、「のび太君は自分の予想に反して、自分の力以上のことを要求され、非常に驚愕《きようがく》している」「この失言癖《しつげんへき》が悲劇《ひげき》を招《まね》くのである」「その悲劇の後始末をするのはいつもドラえもんなのである」という感じで展開していくと、何となく『小説ドラえもん』のような雰囲気《ふんいき》で文章がまとまります。

課題　『ドラえもん』の一話を、『小説ドラえもん』風にまとめてみましょう。

あるいは、好きなマンガをノベライズ（小説化）してもいいでしょう。

『DEATH NOTE《デスノート》』（大場つぐみ、小畑健著、集英社）というマンガは、みなさんご存知だと思います。それを西尾維新《にしおいしん》さんがノベライズした『DEATH NOTE アナザーノート』（集英社）という本があります。この本は『DEATH NOTE』のシチュエーションはそのまま借りてきて、その中に登場する「エル」という頭の良い変人名《めい》探偵《たんてい》にスポットをあて、本編には書かれていない独自な（アナザー）ストーリーを書く形になっています。

このように、状況《じょうきょう》を借りてきて書くという方法は比較的《ひかくてき》やりやすいと思います。もちろんプロが書くようなものすごく面白《おもしろ》い文章にはならないかもしれませんが、やってみると意外にも楽しくスラスラと書けるものです。

みなさんも時間を見つけて、自分が好きなマンガや映画のノベライズやアナザーストーリーを書いてみることをおすすめします。好きなドラマの続編を書いてみるのも面白いかもしれません。想像の世界が広がり、書く楽しさが味わえるでしょう。

実はノンフィクションを書くのと、フィクションを書くのとでは、文章の書き方は違《ちが》いますが、とりあえずあまりこだわらずに始めたほうがいいでしょう。

フィクションのほうが書きやすい場合は、まずシチュエーションだけ決めて、あとはそのシチュエーションに従って自然に展開が生まれてくるのにまかせ、落ちだけはしっかり考えて終わらせるというやり方がいいと思います。

落ちは最初に思いつかなくても大丈夫《だいじょうぶ》です。プロでも着地点を考えないで、書き始めてしまう人がいるくらいですから。ただ、どこで着地しようかと考えながら、書くことは大切です。最初から着地点が決まっている場合よりも、流れの中で思いついた着地点の方が面白いこともありますので、そのあたりは気にせずに、自分の書いた文章が次の文章を呼んでくるというようなイメージでずるずると書いていくのがいいと思います。

テキストは想像力を喚起《かんき》するものを

また、「書き上手」になる訓練をするには、読者が「読み取り上手」になれるようなテキストを選ぶのがいいでしょう。こまかく状況が説明してあるものではなく、「間《ま》」や「空間」、「沈黙《ちんもく》」、あるいは象徴的《しょうちょうてき》な「風景」があるなど、読み手の想像力を喚起するものが最適です。

漫画家《まんがか》の浦沢直樹《うらさわなおき》さんは『Ｙａｗａｒａ！』『Ｍｏｎｓｔｅｒ』（ともに小学館）などを描《か》いた人ですが、その作風はとても映画的で、そのまま映画の絵コンテに使えるほどだと言われています。こういう作品はテキスト向きです。

その浦沢さんの作品に、『ＰＬＵＴＯ』（小学館）という漫画があります。ロボットの同じ表情をコマ割でずっと追いつづけることで、そのロボットの内面にある深い悲しみを表現しています。すると、私たちはセリフで言われる以上に、いろいろなことを想像してしまいます。つまり「読み取り」が生まれるのです。読み手の想像力で補うことのできる作品が「読み取り」に適したものです。

『DEATH NOTE』や浦沢さんの作品のように、読者が想像していく時間をきちんと入れ込んでいるマンガがおすすめですが、他には黒沢明監督《くろさわあきらかんとく》の映画も、想像力を喚起する仕掛《しか》けがあちこちにちりばめられていて、テキスト向きと言えます。『七人の侍《さむらい》』を例にとると、黒沢監督は野武士と七人の侍が戦うクライマックスの場面で、大量の雨を降らせ、しかも雨の中にわざわざ墨汁《ぼくじゅう》を混ぜて、大粒《おおつぶ》の雨滴《うてき》や激しい豪《ごう》雨《う》のさまを表現しています。

戦いの場面でなぜわざわざ雨を降らさなければならなかったのか、というと、豪雨の中の戦いというダイナミックな凄《すご》さを出したかったこともありますが、同時に登場人物一人一人の心の混乱や高揚《こうよう》が、激しい雨によって表現されるからです。

そこにはせりふも説明もありません。もしこのとき「野武士達と対した七人の侍たちの心は混乱しつつも燃え上がっていたのであった」というような説明文が字幕で出たとしたら、どうでしょう？　まったくもって白けてしまいます。しかし説明文がなくても、雨という舞台装置《ぶたいそうち》や泥水《どろみず》が加わることによって、情景と気持ちがセットになって、こちらにドーンと伝わるようになっています。それを私たちは読み取って、感動するわけです。

感動したときのことを文章にするように言われたら、すぐに書けるのではないでしょうか。つまり何かを感じる＝何かを読み取った時点で、もうすでに文章として意味のあるものが出来上がっているというわけです。ただ「すごかった」「よかった」と書くのではなく、具体的に良かった点を挙げて書くのがコツです。

ポイントは、良いテキストを用意することです。元が無いものについて書くのはとても辛《つら》いものなので、書くのが苦手な人はまず、自分のお気に入りの良いテキストを見つけて、それを使って訓練を積み上げていき、量を書くのに慣れることが「書き上手」につながるはずです。

では課題を出します。

課題　自分のお気に入りの漫画や本、映画について、原稿用紙五枚であらすじや紹介文を書いてみましょう。

量を書くには慣れが必要

まずは原稿用紙五枚を書いてみて、それができたら一〇枚にチャレンジするという具合に、枚数を増やしていきます。

ちなみに私が監修している「ブンブンどりむ」という通信添削《てんさく》では、小学校三年生で原稿用紙五枚を使って立派に物語を書いてきます。六年生になると一〇枚の物語が書けるようになります。それもあまり個人差がなく、ほとんどの子供ができるようになるのです。

みなさんがまだ自転車に乗れなかった頃を思い出してください。あんな不安定なものに乗るのなんて、絶対に無理、永久に乗れないと思っていた人が多いのではないでしょうか。でも一度乗れるようになると、なぜ乗れなかったのかが不思議に思えますし、二〇年くらい乗っていなくても、ちゃんと乗れます。

それと同じように、五枚の文章を書くことも、自転車に乗るようなステップを踏《ふ》めば、みんなが書けるようになります。五枚書けたら次は一〇枚、一〇枚書けたら次は二〇枚、三〇枚というように量を増やしていって、高校生ぐらいになったら、できれば三〇枚くらいのものが書けるように頑張《がんば》ってほしいと思います。

すると大学では五〇枚、一〇〇枚まで行けます。そこまで行けば、もう怖《こわ》いものなしです。長い文章を書いた自信が安心感となって、「原稿用紙五枚でお願いします」と言われても、まったく動じることはありません。

しかし原稿用紙一枚くらいのものしか書いたことがない人が、「原稿用紙五枚でお願いします」と言われたら、もうプレッシャーなんてものではありません。それは量に対する恐怖感《きょうふかん》が克服《こくふく》できていないからだと思います。なるべく早いうちに量を書くことに慣れ、恐怖心をなくしていきましょう。

文章がねじれないためには？

書くことに慣れてきたら、「ねじれ」に注意しましょう。ねじれた文章とはどういうものかというと、「私は昨日、大学に行く途中《とちゅう》で本屋で面白い本があったので、その本はフロイトについての本であり、フロイトは精神分析《ぶんせき》について研究した人だ」というようなものです。

要するに主語と述語が対応していない文章のことです。文章のもっとも重要な基本は、主語と最後の述語を対応させることです。文章が長くなればなるほど、それは難しくなります。

書き始めるときに、何を書くかのメモのようなものを作っておくのは当然ですが、文を書き始めるときに、そのセンテンスの最後の句点まで自分の頭の中にできてから、一文字目を書いているかどうかが問題です。これは文章がねじれないために必要なことです。慣れてくれば、「〜は」と文頭を書き始めてからいろいろ考えても、ねじれないように最後まで持っていけますが、最初はそれができません。練習として、声に出してその文章を言いながら書くのがいいでしょう。そうすると、だんだんねじれが少なくなってきます。

私はよく論文やレポートの添削をしますが、そのとき日本語としておかしいものは、きちんと直させます。この主語で始まったら、述語はこう終わらないとおかしいよ、という対応関係をきちんと確認させるのです。「最後の終わり方はこれでいいの？」と聞くと、これは日本語としておかしいなということは感覚的にわかりますが、言われないと気がつかない人もいるので、徹底的《てっていてき》に訓練しています。

なぜ私がこれほどうるさく言うかというと、話し言葉なら多少文章がねじれていても聞いているほうは理解できるし、それほど問題のないことが多いのですが、書き言葉で見せられると、「これを書いている人は頭が悪い」と即座《そくざ》に判断されてしまうからです。

たとえば、「情景が思《おも》い浮《う》かべる」とか、「情景を思い浮かぶ」などはおかしい文章です。正しくは「情景が思い浮かべられる」か「情景が思い浮かぶ」とすべきでしょう。ちなみに「ら」ぬき言葉の「情景が思い浮かべれる」は間違いです。

ですから、書くときは、主語の「てにをは」と述語の着地を対応させる〝対応意識〟を完全に習慣化する必要があります。この訓練をたくさんした人は、話すときにも文章のねじれは少なくなります。逆に文章のねじれが多く、まとまらない話し方をする人は、書く訓練が足りないのだと思います。もちろん読むだけでも読書量が多ければ、ある程度語彙《ごい》は増えていきますが、ねじれのないまとまった話ができるかどうかは、書くという行為においてもっともトレーニングされるものです。

試《ため》しに周りの人の話をチェックしてみましょう。その人の話を書き言葉に置き換えたとき、どれくらいねじれのないきちんとした文章で話せているか。その度合いで日本語力が端的《たんてき》にわかります。

視座を決めて、その観点で見てみよう

「読み上手、書き上手」の次のステップとして、課題や切り口、キーワードなどを設定して、対象を見ていくというのがあります。

私は先日、『バベル』という数々の映画賞を受賞した映画について、コミュニケーションという観点から、語ってほしいという依頼《いらい》を新聞社から受けました。

まずは事前に、新聞社の人が持ってきてくれたパンフレットで映画監督の基本的な意図を知っておきました。

映画はすべてを説明してくれているものではないので、何も知らずに見ると、まったく勘違《かんちが》いをした評論になってしまわないとも限りません。それでは大変恥《は》ずかしい思いをします。

とくに『バベル』の場合は、モロッコで少年が誤《あやま》って観光客を撃《う》ってしまう話と、乳《う》母《ば》に預けられた子供が、乳母の用事で一緒《いっしょ》にメキシコまで連れて行かれてしまう話と、東京で菊地《きくち》凛子《りんこ》さん扮《ふん》する聾唖《ろうあ》の女子高生が男性にふられて苛立《いらだ》つ話が、同時に出てきます。つまり作りが混《こ》み入《い》った構成になっているので、そのあたりを理解しながら、自分の心にインパクトのあったセリフをメモしていきました。こうすると、セリフを引用しつつ、ストーリーを説明できるので、ある程度の分量をかせげます。

さらに私の場合は、「コミュニケーション問題を中心に」という注文が出されていたため、その観点から見ていけばいいことになります。これは対象を読み解いたり、対象について書いたりするときに、大変便利です。

何も課題が与えられていなければ、勝手気ままに、とりとめもなく見てしまいます。ある場面ではブラッド・ピットのカッコ良さを見てしまうかもしれませんし、カメラワークが美しいところに惹《ひ》かれるかもしれません。しかしテーマを持って見ないと、見終わったときにあちこちに関心が飛んでいて、まとまった感想を述べるのが難しくなってしまいます。

しかし、私に要求されたのは、「コミュニケーション問題について」でしたので、その角度から切っていけばいいという点では、書きやすい評論でした。

一方、課題がキーワードとして設定されていると、見る「視座」がはっきりして、文章にしたときにもまとまりが出てきます。「視座」という言葉はふだんあまり使わないかもしれませんが、まさしく座って見る位置、立ち位置というか、見る視点のことです。

これがはっきり設定されていると、その地点に立って周りをぐるりと見たときに、たとえば『バベル』で言えば、「そういえば、菊地凜子と役所広司《やくしょこうじ》の親子関係にもコミュニケーション問題が発生していたんだ」とか、「ブラッド・ピットと奥《おく》さんの関係も最初はギクシャクしていたけれど、奥さんが撃たれたことで関係が近づいて、コミュニケーションが密になった」といったことが見えやすくなってくるはずです。

また、コミュニケーションについての視点から見ていくと、映画における風景描写《びょうしゃ》にも気づくことが出てきます。『バベル』は砂漠《さばく》の風景が多いのですが、メキシコの情景と、砂だらけのモロッコの風景と、灰色のビルが林立する東京の風景が、不思議と一種の砂漠としてつながって見えてきます。すると、世界各地に点在しているその砂漠的なものが、現代社会におけるコミュニケーション状況というキーワードでつながっていて、その危機的状況と希望のあり方を描いた映画だというようにも解釈《かいしゃく》できるわけです。

そこまで見えてきたときに、では別の問いとして、作品のタイトルである『バベル』はどんな意味があるのか、と考えてみます。

「バベル」は旧約聖書に登場する塔《とう》のことです。人間が神に近づこうとして高い塔を建設し、神の怒《いか》りを買ったため、バベルの塔は崩壊《ほうかい》し、人間は人種ごとにバラバラに対立するようになったという話です。

では、なぜ映画のタイトルに神話から「バベル」という言葉を持ってきたのか、という問いが生まれます。描かれているのは現代の話ですから、バベルの神話をそのまま映像化したかったのではありません。しかし、まったく関係がないわけではありません。人間は文明を発達させてきましたが、世界中でテロや紛争《ふんそう》があって、みんながバラバラになってしまいました。いま地球全体が神の怒りにふれ、バラバラになったバベルの塔と同じ状況なのだということを、地球上のまったく離《はな》れた地点を三箇所選んで、描写した映画だとも考えられます。

このように、「視座」を決めるということが、物事を読み取ったり、書いたりするときの推進力になっていくわけです。

では課題です。

課題　あなたのお気に入りの漫画や本、映画について「コミュニケーション」という視点で、解説してみましょう。

「問い」ではなく「発問」を意識しよう

さて前項では、課題設定の大切さを述べました。課題設定とは「問い」を設定することです。

しかし「問い」ならどんなものでもいいかというと、そういうわけではありません。もちろん最初のうちは、どんな「問い」でもかまいませんが、「読み上手、書き上手」をめざすなら、「問い」の中身も吟味《ぎんみ》していかなければなりません。

私は大学で教員を志望する学生に対して、授業のやり方について教えていますが、授業の構造は主に質問する、つまり「発問」から成り立っています。教材があって、生徒がいて、先生が発問するのが授業です。授業での発問は、ただの質問ではなくて、読み取りを要求するような問いの出し方をします。

たとえば「『こころ』を書いたのは誰《だれ》ですか？」という問いなら、答えは「夏目《なつめ》漱石《そうせき》」で、そこで話は終わってしまいます。これは普通《ふつう》の「問い」、ただの質問にすぎません。

一方「発問」は、「どの時点で主人公はKを裏切《うらぎ》ることにしたのでしょうか？」とか「Kが自殺する前に考えたことは何だったのでしょうか？」というような問いです。聞かれた方は『こころ』から読み取らないと答えられません。つまり、そのことをきっかけにして考えが深まるようなものを「発問」といいます。

授業ではこの発問づくりが重要なポイントになります。だいたい三つくらい良い発問が思いつけば、授業はうまくいきます。ところがクイズ方式のように、くだらない質問しか思いつかなければ、一問一答式で終わってしまって、あまり考えが深まりません。つまり、考えを深めるための問いが必要だということになります。

かつてソクラテスは、答えを見つけるのが重要なのではなくて、問いを作り出すことが重要だと言いました。何かの問いを投げかけることによって、初めて次の何かが生まれてきます。たとえば「なぜ林檎《りんご》が落ちるのか？」という問いがあれば、それを受けて答えられる人はたくさんいたかもしれませんが、その問いを発すること自体がニュートンの素晴《すば》らしい能力だったわけです。

ですから、普段から自分の周りに、考えを深めてくれる「発問」を出してくれる人を見つけておくか、自分自身がその「発問」を創《つく》り出《だ》せる人になることが重要です。

まずはとにかく「発問」を書き出してみましょう。そうすれば嫌でも長くて中身のある文章が書けるようになります。なぜなら「発問」を書き連ねたら、その答えが必要ですから、嫌でも答えを含《ふく》めた文章を書かざるを得ないからです。「これについてはどうなのだろう？」とまず自ら「発問」しておいて、その答えを書いていく、それだけで格調高い文章に一歩近づけます。

さらに文章を長くしたかったら、問いに対する答えとして、まずは「普通に考えればこうであろう」というようなことを書いておきます。しかし、「よく考えると、こういう場面があって、こういうことが言われているから、これはもしかしたらこうではないか……」という具合に書き進めていきます。つまり、一つの質問に対して、一般的な見解をまず示した上で、ちょっとずらしたことを言っていくわけです。

このようにしていくと、一つ「発問」があれば、原稿用紙で軽く一、二枚は書けるようになります。ちょうど、テレビでも雑誌でも何かクイズがあると、そのクイズに答えて、正解が聞きたくなるのと同じです。クイズを出されると答えたくなって、答えを知りたくなる、あの誘惑《ゆうわく》を自分自身に対して、そして読み手に対しても仕掛けるわけです。

私の場合は、文章を書く前に「発問」を羅列《られつ》して、最初に目次を作ってしまいます。みなさんも何かに対して、考えられる限りの「発問」を並べてみてください。それが目次になっていることに気づくと思います。目次が出来たということは、その人はもう「書けている」のと同じです。文章は問いを立てて、それに答えていくというのが基本構造になっているからです。

これは小説や音楽においても同じです。小説ではさまざまなところに伏線《ふくせん》がありますが、実はそれが隠れた「発問」の形になっていて、それを解いていくのがプロセスになっているケースがほとんどです。音楽も同様で、たとえば第四楽章まである曲だとしたら、第一楽章で主題、つまり「発問」を提示し、それが第二、第三楽章で変化していって、第四楽章で最終的にある地点に落ちつく。つまり「答え」が出るような構成になっているものが多いと思います。小説にしても、音楽にしても、最初に何かテーマに当たる問いかけがあって、「これはどうなるのかな」と思わせて展開していくわけです。じつは評論でも同じです。ですから大切なのはまず「発問」の意識、問いを立てる意識を持つことなのです。

そういえば、最近はその「発問」自体をタイトルにして、成功している本がたくさんあります。『さおだけ屋はなぜ潰《つぶ》れないのか？』というタイトルを見たら、なぜだろう？　と思わず読みたくなってしまいます。

課題　あなたがお気に入りの漫画、本、映画について考えられる限りの「発問」を並べ、解説本の目次をつくってみましょう。その「発問」の中から、面白そうなものをその本のタイトルにしてみましょう。

「発問」のコツは〝売り〟と〝違い〟を考えること

ここで、こんな質問をする人がいるかもしれません。

「どうしてもうまく『発問』を考えることができません。ありきたりの『問い』しか思い浮かばないのです。どうしたらよいでしょうか？」

その質問に答えるなら、とにかくまずは「問い」の数をたくさん出してみることです。最初はありきたりの「問い」でもかまいません。たくさん出せば、その中にいくつか、これはまし、と思える「問い」があるはずです。その「問い」をさらに検討《けんとう》してみるのです。

それから、いま提示されているものを少しずらしてみる形で、「問い」を作るという方法もあります。ずらすのが難しければ、ひっくり返してみてください。

たとえば、『天才バカボン』について「発問」を考えるとします。私は『バカボンの

『パパはなぜ天才なのか？』という本をつくったことがあります。これはまさに、「発問」をタイトルにしたものです。

バカボンはただのかわいいバカで、天才ではありません。それなのに、なぜ「天才」という言葉がついたのか？　バカなのに天才、いやあるいはバカの天才かもと考えていったとき、バカボンのパパは確かに天才的なバカだ……と発想が進んでいったわけです。そして何でもかんでも「これでいいのだ」「なのだ」というふうに決め付けていくあの異常な「断定力」が天才なのかもしれない！　という具合に思いついたわけです。それを〝なのだ力〟と名付けてみようというふうに思考が発展して、『バカボンのパパはなぜ天才なのか？』という「発問」が生まれました。これは「天才バカボン」をひっくり返したところから、生まれたものなのです。

「発問」がどうしても出てこないときは、「この対象の〝売り〟は何か？」という問いを立てると、わりとバリエーションに富む答えが出てきます。この問いはけっこう応用

アインシュタイン

発想の転換《てんかん》がうまくいかず、行《ゆ》き詰《づ》まっていないか？

論理に縛《しば》られ過ぎて、子どもの頃の直観力を忘れていないか？

自分に対して他人が持っているイメージにズレを感じることはないか？

老子

異性の感覚を、リアルに感じることができるか？

打つ手打つ手が裏目に出て、悪循環《あくじゅんかん》にはまったことはないか？

プライドにこだわって、スケールを小さくしていないか？

ゴッホ

自己実現を求め過ぎて、かえって追い込まれていないか？

「自分のスタイルを持っているよね」といわれたことがあるか？

『泣いた赤おに』に、共感したことがあるか？

「発問」を本の目次にした例（『賢者はかく語りき』より作成）

範囲《はんい》が広く使えます。

たとえば、「スターバックスはなぜ成功したのか？」という問いを立てます。あるいは「ニンテンドーDSはなぜ成功したのか？」でもかまいません。

最初はあきらかに成功しているものをとりあげるのがコツで、これだと簡単に問いは立ちます。答えを出すときも、いま流行《はや》っているものなので、出しやすいと思います。

DSでしたら、なぜあんなに売れたのかというと、脳トレがブームになって、普段はゲームを買わない大人が学習のソフトとして買ったからです。要するに、大人が学習機器の一種として認知したために普及《ふきゅう》した面が大きいわけです。

「なぜ売れているのか？」という問いを立てて、「全然わかりません」となってしまうと悲しいので、それでも答えが出にくいときは、「いままでのものと、どこが違うのか」というように、他と違うポイントをあげていくといいでしょう。違いをからめながら、ここが面白い、これが売れている理由だ、という進め方をしていけば、比較的書きやすくなるはずです。

キーワードで身の回りを切ってみる

また、何かキーワードを見つけて、それを身の回りの経験にひきつけて問いの形で出すことができれば、文章を書くときにすごく楽になります。

たとえば「格差社会について書け」という課題が出されたとき、いきなり格差社会について考えようとしても、考えが止まってしまいます。そこで、「格差社会」をキーワードにして、自分の身の回りの出来事を考えてみます。「『格差社会』とよく言われているけれども、自分の身の回りでそれを実感する場面や出来事は何か」と考えてみるわけです。

ある人はコンビニでカップ麺《めん》だけを買い込んでいる若者を見たことをあげるかもしれませんし、ある人は正社員と派遣《はけん》社員の微妙《びみょう》な関係を目撃《もくげき》したことをあげるかもしれません。このように具体的な場面をあげることで、それがよりリアルになってきます。何をセレクトしてくるのか、その取り出し方に、その人が生きている生活空間や問題意識が浮《う》き彫《ぼ》りにされます。

そしてその取り出し方のセンスが書く力に直結します。たとえばファミレスで親子のすごい口喧嘩《げんか》を見てしまったとします。この親子はレストランでなぜこんな大喧嘩をしているのかを考えていくと、そこに深く流れている現代の格差社会に対するおびえがみえるかもしれません。それが親の教育熱の過剰《かじょう》につながり、子供はうんざりしてキレたといったことが情景から考えられれば、「格差社会とは何か」という大きな問いの意識と具体的な場面を、クリアにつなげて書くことができます。

このように、カメラでシャッターを切るように具体的なシーンを切り取ってくる意識と、抽象的《ちゅうしょうてき》な思考能力の二つが車の両輪となって回ったとき、生き生きとした文章が書けるのです。「書き上手」になるためには、抽象的なことだけを書いても、人に訴《うった》えかけるものにはなりません。一般論になってしまってはダメなのです。

一般論のダメな例としては、「格差社会」について「現在は格差社会と言われていて、勝ち組と負け組にわかれているが、それは競争社会の悪い形だと思う。それはいけないことだと思うので、これから格差社会をなくしていくべきだと思う」というような文章

〈私が実感した「格差社会」とは？〉

- お金がないと言っている人でも、携帯電話代には何万円もかけて平気なのはなぜか？
- 高利の消費者金融に借金してまで、ブランド品を買ってしまうのはなぜか？
- ユニクロのフリースが爆発的なブームになったのはなぜか？
- 倹約しているはずの若者が、スターバックスではついお金を使ってしまうのはなぜか？
- 幼児に英語を習わせる親が増えてきたのはなぜか？
- 東大の卒業生が、外資系企業の就職することが多くなったのはなぜか？
- 若者がズボンを下げて歩くようになったのはなぜか？
- 政治家に二世、三世議員が増えているのはなぜか？
- 闇サイトに手をそめる人が後を絶たないのはなぜか？
- 地元のマンションは売れ残っているのに、都心の高級マンションが飛ぶように売れているのはなぜか？
- 私立の中高一貫校受験を選択するかしないかは、子供の能力によるものか？　親の経済的な豊かさによるものか？
- 〝豪邸拝見〟的なテレビ番組が、ますます増えてきているのはなぜか？
- ネットカフェで寝泊りする人が増えているのはなぜか？
- 正社員として働く意欲はあるのに、フリーターを続けなければならない人がいるのはなぜか？
- ボーナスの時期に喜んでいる人と浮かない顔をしている人がいるのはなぜか？

⋮

「格差社会」についての問いの例

です。これでは低い点数しかつきません。

なぜなら、一般論的なものには視点というか、書いている人ならではの目のつけ所がないのです。しかしそこに格差社会を自分が感じたシーンや自分自身の実感がひとつ入ってくるだけで、急にリアルな文章になってきます。そのためには「格差社会はどのような形で存在しているのだろうか。自分の実感で言えば、どの瞬間に格差社会を感じるのだろうか」という問いを立てると、それが自分の問題になってきます。そして、自分の中から選んできたシーンを文章に入れ込みます。それが面白ければ、読んだ人にとっても印象的な文章になるのです。

小論文の採点者は、たくさんの人の書いたものを読まなければならないので、一般論には飽《あ》き飽きしています。新鮮《しんせん》な情報やオリジナリティあふれるシーンが盛り込まれた文章が来なければ、感覚が刺激されないのです。

取り出してくるシーンは多ければ多いほど、選択肢《せんたくし》が広がるので、よりセンスの良いものを選べます。まずは問いをたて、自分の経験を洗い出してみましょう。それでは課題です。

課題　あなたが実感した「格差社会」についての「問い」を立ててみましょう。その問いに対する自分の経験を洗い出してみましょう。

「読み上手」になるためのキーワードの見つけ方

書くのが苦手という人がいる一方、読むほうが苦手という人もいます。

一日目で「読む力」をつけるために、活字に慣れる方法を学びました。二日目は、もう少し高度な文章や本を読むにはどうしたらいいかを考えてみましょう。

「読みやすい小説や字が少ないマンガなら読めるけれど、文字がいっぱい詰まったページを見るだけでうんざりする」「難しい文字が並んでいる評論文や論文などはとても読めない」「いっぺんにたくさんの量の本を読むのは大変」というような人もいます。

そういうときは、キーワードを設定する「キーワード主義」でいくと、難しい文章やたくさんの量の活字を読むのが苦になりません。

まず、どうやってキーワードを見つけるかですが、いちばん手っとり早いのは本の帯やカバーに注目することです。本の帯の宣伝文句《せんでん》には著者及び編集者の「この本をこういうふうに読んでもらいたい」という思いが込められていて、そこにキーワードが書かれていることがあります。

本のカバーには、本書のねらいやあらすじが書いてあり、本の「まえがき」や「あとがき」には全体を見渡《みわた》すような文章が書かれています。こういうところからもキーワードが見つかります。

次にキーワードは、文中に出てくる頻度《ひんど》の高いものですから、ページをパッと見たときに、どの言葉がいちばん頻度が高いかを一〇秒、二〇秒という時間で見分ける訓練をするといいでしょう。

私は小学生の塾で、キーワードに丸をつける練習をしています。私がキーワードを言って、その言葉が文章のどこにあるのか、丸をつけてもらいます。全部つけおわったら手をあげてもらうのですが、子供たちはものすごく食いつきがよく、争って丸をつけて手をあげます。それを何回もくり返しているうちに、キーワードがすぐに見つかるようになるのです。

すると、ページをめくった瞬間、本来は右側のページから順番に読んでいくはずなのに、「あっ左側のここにキーワードがある」というように、ページをすべて読まなくても、大事なことが書いてあるところが、すぐにわかるようになるのです。

「読むのが嫌」という「読み下手」な人は、文字が羅列《られつ》されていて、一様に見えるからうんざりしてしまうのだと思います。しかし、キーワードが見えるようになると、ここが大事、ここはそうでもないという具合に、最初から赤線が引かれていたり、太字になった状態で文字が見えてきます。言ってみれば、自分で勝手に多色刷《ず》りの参考書にしたり、文章の中に太字を入れていく感覚に近いでしょう。

さらに慣れてくると、山奥《やまおく》でサッと動いた影が、狐《きつね》の尻尾《しっぽ》とちゃんとわかる猟師《りょうし》のように、目をサッと動かしただけで、キーワードが見えてきます。このキーワード主義が、量をこなす速読の基本です。

課題　自分がお気に入りの本のキーワードをさがしてみましょう。そのキーワードに丸をつけてみましょう。

「ピラミッド方式」ではなく「ペンキ塗《ぬ》り方式」で

それでも、最初から本一冊を読むのはちょっとしんどい、という人はＡ４判の紙一枚くらいに書かれたもので練習してみてもいいでしょう。Ａ４の紙には原稿用紙でいうと二枚から三枚分の文章が入ります。それを三〇秒くらいの設定でパッパッと読み切る練習をするのです。

最初は一行ずつ読もうとしますが、それではとても三〇秒で最後まで読みきれません。おそらく二行おきくらいに読んでいかないと、最後まで行かないでしょう。とりあえずは三〇秒で最後まで行くことを目的にしてください。三〇秒が終わったときに、まだ三分の一しか読んでいなかった、というのでは失格です。
英語の長文問題を考えてみてください。長文問題は最後まで読みきらないと、文章の主旨《しゅし》がわかりません。最初ばかり丁寧《ていねい》に読んでいて、半分以降は全然読めなかったというのでは、設問に答えられません。試験慣れした人は、まず設問を見ておいて、設問に出てくるキーワードを頭に入れながら、長文をパッパッと最後まで読んでいきます。長文の中にキーワードを見つけるという作業をしているわけです。

課題 A4の紙に書かれた文章を三〇秒以内で最後まで読んでみましょう。

その際、漢字は目に飛び込んで来やすいので、キーワード探しのトレーニングには最適です。
たとえば、「格差社会」だったら、「格差社会」という熟語にどんどん丸をつけていくのです。ページをパラパラめくりながら、キーワードを拾って、最後のページまでいくというトレーニングです。

するとペンキ塗りでいえば、荒くてところどころ空白はあるけれど、いちおう壁《かべ》全体は塗った状態になります。次に丸をつけたキーワードのところをもう一度拾って、その周辺を少し見るようにします。そうやって最後まで何回かくり返して読むうちに、全体像がつかめてきます。できればキーワードはひとつだけでなく、三つくらい用意しておくといいでしょう。そうすれば、よりムラなく全体をつかむことができるはずです。

読むのが苦手とか、最後まで読めないという人は、最初のページだけ丁寧に読んで、挫折《ざせつ》するというパターンがとても多いのです。言ってみれば、ひとつずつ石を積み上げていく「ピラミッド方式」ですが、ピラミッドは途中でやめてしまえば、ただの石の山にすぎません。

そうではなくて、おおざっぱに最後までペンキを塗っていく「ペンキ塗り方式」で読むほうが、ふつうの本の場合は早く、たくさん読めるようになります。もちろん哲学《てつがく》書や古文のように、一文字一文字解釈しながら大切に読む「精読」という読み方もありますからケースバイケースですが、総じて一冊の本を読むスピードが遅《おそ》すぎて、読書量が増えないという悩みを持つ人がとても多いようです。ですから、外科医にでもなった気分でキーワードを拾い読みし、おいしいところをつなぎあわせていくセンスを練習するのは、私は悪いことではないと思います。それをやっておけば、ゆっくり、きちんと読まなければならないときでも、要点を落とさず読めるようになってくるのです。

「関心の角度」を決めて読む

キーワードを設定するのは、網《あみ》を持っているのと同じです。キーワードなしに海に出ると、網なしで魚をすくうようなもので、何となく手さぐりでやっていても、魚はいるような気はするけれど、つかまえていない状態になってしまいます。

もう少し言えば、キーワードは「問い」を持って臨《のぞ》むということですから、自分の「発問」、つまり「関心の角度」をはっきり決めておくと、飛ばし読みがしやすいと言えます。

では、夏目漱石《なつめそうせき》の『それから』を例にとってみましょう。『それから』における主人公の代助と、彼が好きな女性三千代（他の男性の妻《つま》になっています）の「男女の関係の変化について」を関心事にしたとします。すると、それ以外のところは早読みや飛ばし読みができますから、二人の感情の変化を見るための場面がセレクトできれば、全体を読むのにそれほど時間がかからないのです。

もちろん他の場面にも意味はあるでしょうが、まずは絶対に外せない二人の感情が変化するところを、網ですくっていく。

『それから』の二人の場合は、三千代のほうが覚悟《かくご》が決まっていて、代助は最初は盛り上がっていたのですが、最後は混乱してくるという、男と女の水位の差がはっきり描かれている小説です。二人の関係に焦点《しょうてん》をしぼるのであれば、「三千代」の心情の変化に焦点をしぼって、どんどん線を引いて順番をつけていきます。

さらに、ボールペンで行の上に、ここからここまでというように横線を引いてしまいます。そしてここが「シーン1」、ここが「シーン2」と書いていくのです。その中でインパクトのある一文があれば、引用可能、つまり〝引可〟と書いておいて、三重丸を

シーン2

「構わないより難有《ありがた》いわ。ただ——」

「ただ平岡に済まないと云うんでしょう」

三千代は①不安らしく首肯《うなず》いた。代助はこう聞いた。——

「三千代さん、正直に云って御覧。貴方は平岡を愛しているんですか」

三千代は答えなかった。見るうちに、②顔の色が蒼《あお》くなった。眼も口も固くなった。凡てが苦痛の表情であった。代助は又聞いた。

「では、平岡は貴方を愛しているんですか」

三千代はやはり俯《う》つ向いていた。代助は思い切った判断を、自分の質問の上に与えようとして、既にその言葉が口まで出掛った時、三千代は不意に顔を上げた。その顔には今見た不安も苦痛も殆んど消えていた。涙さえ大抵は乾いた。頬の色は固《もと》より蒼かったが、④唇は確《しか》として、動く気色はなかった。その間から、低く重い言葉が、繋《つな》がらない様に、一字ずつ出た。
◎引用可
「仕様がない。覚悟を極めましょう」 ←引用決定
代助は背中から水を被《かぶ》った様に顫えた。社会から逐い放たるべき二人の魂は、ただ二人対《むか》い合って、互を穴の明く程眺めていた。そうして、凡てに逆《さか》って、互を一所に持ち来たした力を互と怖《おそ》れ戦《おのの》いた。
しばらくすると、三千代は⑤急に物に襲われた様に、手を顔に当てて泣き出した。代助は三千代⑥の泣く様《さま》を見るに忍びなかった。肱《ひじ》を突いて額を五指の裏に隠した。二人はこの態度を崩さずに、恋愛の彫刻の如く、凝《じっ》としていた。

シーンと引用文の決め方（『それから』より）

つけておきます。

最終的に引用を決めたものは、しっかり赤いボールペンで囲んでおくといいでしょう。後で見たときに、ああこれは引用したなというのがすぐにわかります。

では課題をやってみましょう。

課題　夏目漱石の『それから』の文章で、代助と三千代の関係の変化に注目し、変化した箇所を三つあげてみましょう。

課題ができたら、次の質問に答えてください。

「三つの中から、まず最初の二つを選んでください。選んだらその二つをもとにして、どういう変化が現れて、それがどのように三番目のシーンに結びついていくのか、二人の心の綾《あや》を述べてください」

それが話せたら、『それから』のテーマである男女の機微《きび》について、ひとつの分析《ぶんせき》ができたことになりますし、それを文章に書けば立派な解説文になります。この練習が「読み上手、書き上手」につながるわけです。

本来でしたら、小説はすべての文章を丁寧《ていねい》に読むのが正しい読み方ですが、時間がないとか、一通り読んだけれどもよくわからなかったとか、感想文が書けないというような状態になるくらいなら、テーマを決めて重要な場面だけを切り取り、そこを深く読んでいくほうが、読んだ手応《てごた》えが残りますし、まとまりのある文章も書けるのです。そうすることで逆に、いろいろなものが見えてくるはずです。

キーワードマップをつくってみよう

キーワードをからめて読むと、一冊にかかる時間は短くなります。そこで、自分の関心があるキーワードを集めて「キーワードマップ」をつくっておくと、たくさんの本を読むきっかけがつくれます。

私はコミュニケーションツールとして「偏愛《へんあい》マップ」を愛用しているのですが、「キーワードマップ」は、「偏愛マップ」の言葉版といってもいいでしょう。「偏愛マップ」とは自分の好きなことがあって、そこから派生して、これが好き、あれが好きという好きなものの名前を書いていくものです。

「キーワードマップ」の場合は、言葉でキーワードをつなげていくイメージです。たとえば「コンプレックス」という言葉があったとします。その言葉が自分の中で何となく気になるのであれば、まず紙の真ん中にコンプレックスと書きます。コンプレックスにはいろいろあって、劣等感《れっとうかん》もあるでしょうし、ピーターパンシンドロームとか、エディプスコンプレックスなどいろいろあります。

さらに自分は親子関係に興味があるとか、男女関係に関心が深いといったようにどんどん広げて書いていき、それに関する本も参考文献《ぶんけん》のような形で一緒にあげていきます。すると、自分の知的関心ワールドが手に取るようにわかります。この「キーワードマップ」は自分一人で作ってもいいのですが、人と話していると刺激されて、「そう言えば、これも興味があるな」というようにどんどんキーワードが浮《う》かんでくるので、二人

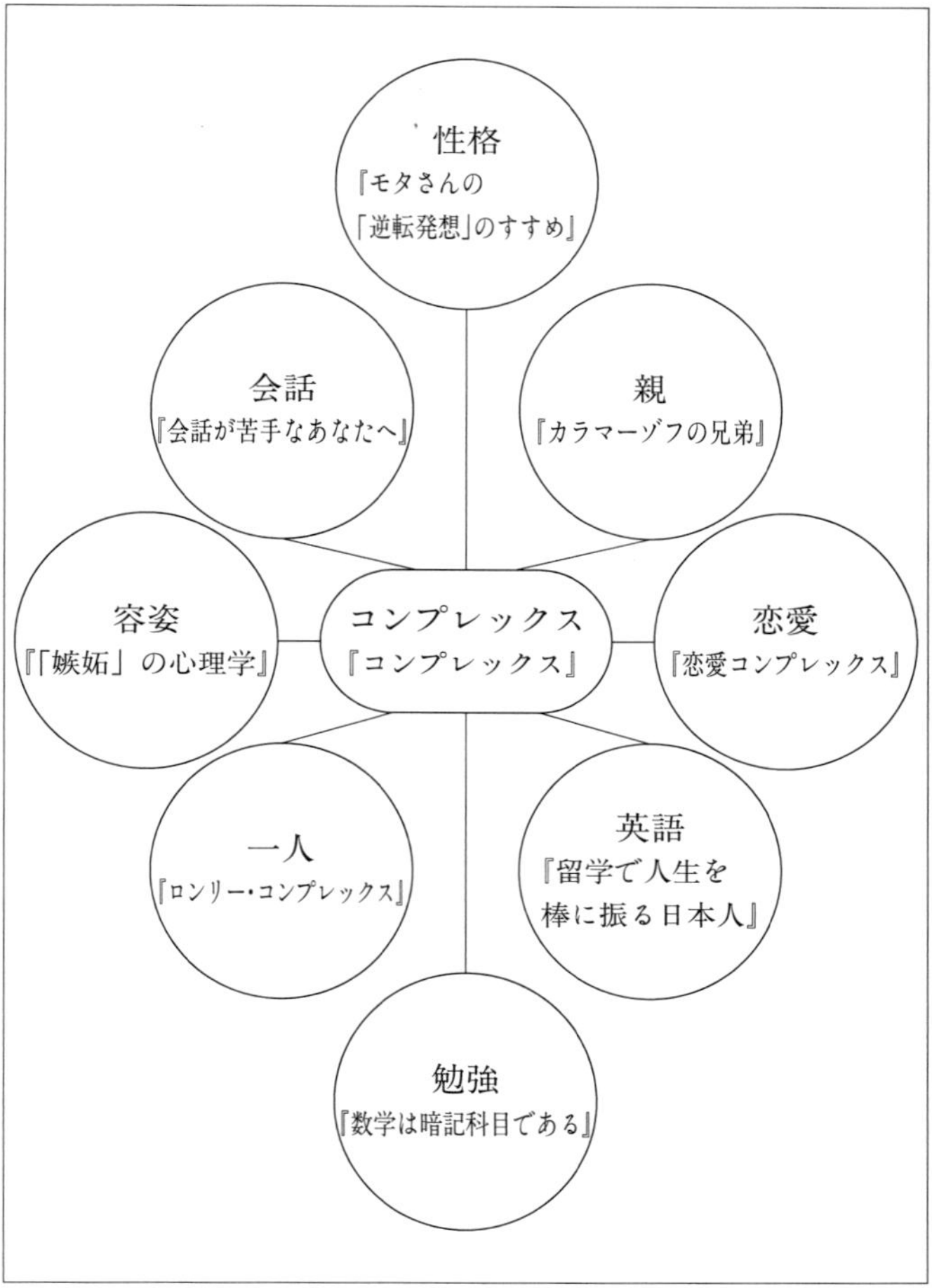

キーワードマップの例「コンプレックス」

か三人で向かい合って、それぞれのものを作るのがおすすめです。

マップができると、自分の関心がどこにあるのかがわかり、本を読むときもキーワードが魚をすくう網のように本の内容をすくい取ってくれます。これが「読み上手」になるコツなのです。

課題 自分の関心のあるキーワードを並べて、キーワードマップをつくってみましょう。

現代文の問題を解いて「読み上手」になる

ここでひとつ提案です。「読み上手」になりたい人は、現代文の問題をたくさん解いてみてください。

私たちは現代文の授業をさんざん受けてきましたが、いまだにあれは何の意味があったのかと疑問に思っている人が多いのではないでしょうか。たしかに、現代文は効果がわかりづらい科目です。古文や漢文は、全然読めないものが少しは読めるようになるので、まだ何かの意味があったと感じるのですが、現代文は授業でずっとやってきたけれど、その成果があまりはっきりと感じられません。

しかし、現代文は「読み上手」になるという観点で、大変トレーニング効果の大きい科目です。これを利用しない手はありません。せっかくですからこの機会に、今までやってきた現代文の意味を再認識しておきましょう。

いまの現代文は、現代思想や現代におけるさまざまな分野の新しい考え方にふれられる場になっています。昔は現代文の教材には文学作品が多かったのですが、最近は減っています。とくに入試問題では文学教材が少なくなり、東大入試からはついに小説が消えたというのがニュースになっていました。代わりに登場するようになったのが、評論文などの論理的に書かれた文章です。

現代文の問題に取り組む効用は、ふだん接することが少ない難度の高い文章にふれられるということです。しかし、ここでひとつ問題が生じます。何の知識もなく、いきなり現代文の問題に取り組むには、教材としてのレベルが少々高すぎるという点です。

現代文の教科書では、評論文などの抽象的な概念を取り上げる文章が多くなったために、いまや思想的な概念や知識なしで読める文章は少なくなり、多くは知識の有無《うむ》によって理解度が左右されるものになっているのです。本をたくさん読んでいて、それについて知っていれば、「ああ、この話の主旨はだいたいこうだな」とわかりますが、まったく知識がないとすると、その文章だけから読み解くのは非常に苦しいものが多いのです。

知識とは、言ってみれば地図のようなものです。ひとつの文章が目の前にあらわれたとき、その文章が置かれている場所を示す地図を持っていれば、簡単に読み解くことができます。たとえば、東京をまったく知らない人が渋谷《しぶや》という街の真ん中にいきなり放り出されて、何の地図もなかったら、途方《とほう》にくれてしまいます。でも地図があって、渋谷は東京の中でどこに位置していて、渋谷の中でも109はここにあるから自分はこの辺にいる、ということがわかれば、状況を理解するときにひじょうに楽なわけです。それと同じように文章も、出てきた文脈やその著者の立場、周辺の思想などを知っている人は、地図があるので強いということになります。

実は現代文も、問題の文章に関連する知識があるかないかが勝負のわかれ目であって、純粋《じゅんすい》にそこに書かれている文章を読む日本語力がそのまま現代文の力というわけではありません。そこにポイントがあります。

最近はそのことが理解されてきて、現代文を現代思想との関係で読もうという視点の「キーワード集」の参考書が何冊も発売されています。たとえば、中山元さんの『高校生のための評論文キーワード100』（ちくま新書）などがそうです。この種のキーワード本には、「アイデンティティ」「マイノリティ」「コンプレックス」といった現代用語で重要なワードについて、解説がしてあります。

まずは現代文の問題に取り組む前に、そうしたキーワード集を読んでおくことをおすすめします。

文章の構造パターンを見抜こう

次に、現代文の問題に取り組むもっとも大きな効用として、さまざまな文章を読んでいくうちに、評論文など難しい文章のパターンがはっきりとわかるようになります。

どんなものも、結局著者が言いたいことは、「私は偉《えら》いでしょ。私は他の人と目のつけどころが違うでしょ」ということです。そういう自負心があるから、わざわざものを書いて発表しているわけです。ですから、その人の自負心やアピールしたい点がどこにあるのかを見つければ、どんな難解な文章もほぼ「わかった」も同然です。

また、論旨の展開もほぼパターン化されています。つまり最初に「普通はこう考える」という一般的な意見を提示します。その前提が、著者が倒《たお》したい相手、つまり〝仮想敵国〟です。その〝仮想敵国〟の設定の仕方と、それをどうやっつけるのかというパターンで文章が成り立っていることがほとんどです。ですから、その骨組みがはっきり見えれば、どんなに難解な文章がやってきてもこわくありません。

結局のところ、評論文の目的は「視点移動」を促《うなが》すことにつきるといってもいいでしょう。通常見える風景と違った風景を見せるよう、切り口を変えるということです。書き手は、「物事をこう切ったら全然違うように見えるでしょう？」ということを読み手に問いかけているわけです。

二項対立を見つける

ですから、読む側も「視点移動」あるいは「複眼的な視点」を意識するのが、文章の本質をつかみ、「読み上手」になるコツです。

「視点移動」を意識して読むと、ほとんどの評論文が「二項対立」で書かれていることがわかります。つまり、読者の一般的な考えAがあるとすると、「Aという考え方があるが、Bという考え方もある」という書かれ方をしているわけです。

その構造さえわかれば、難しい評論文もこわくありません。評論文が苦手という人はAもBも一緒くたにして漠然《ばくぜん》と読んでいるのではないでしょうか。そうではなく、対立するものを見つけ、これとこれは違うということを意識して読まなければいけません。

もっとも込み入った文章になると、Aの中にも序列があります。一番大事なことがAなら、より小さな項目はa_1、a_2とでも表記できます。

そこでAのグループのキーワードや文章を青のボールペンで囲み、Bのグループを赤のボールペンで囲んでいくという風に、グループ分けをして読むといいでしょう。Aグループとグループを分けたら、著者はどちらに味方をしているかを考えます。すると著者の言いたいことがわかってくるわけです。

もっとわかりやすく言えば、ほとんど全《すべ》ての論理的に見える評論文は、著者の「好き嫌い」で成り立っているといってもいいでしょう。著者が何が好きで、何が嫌いなのかがわかれば、もう理解できてしまったも同然なのです。

私は東大入試の国語の問題の解説書を書いたときに、そのことにはっきりと気づきました。入試問題に出題されるような評論文は、一見きわめて論理的です。著者も知性のある人が書いていますから、「私はこれが嫌い」「これが好きです」とはあからさまには言いません。

しかし結局のところ、この人が好きなのはこれで、嫌いなのはこれ、というようにわかる内容になっています。この場合の「好き」「嫌い」は、ものの考え方に対してです。

たとえば、ニュートン的なすべてに普遍《ふへん》的に通用する真理を追求する近代科学が嫌いという人がいます。あるいは「近代」というものが嫌いという人もいます。

もっとわかりやすい例で言うと、「勝ち組」「負け組」という言葉を聞いただけで腹《はら》が立つという人と、人生にどう勝っていくか、どうしたら勝ち組になれるのかという前提で本を書く人とは全然違います。「勝ち組」という言葉が好きかどうか、競争原理や市場原理を肯定《こうてい》するか否定するかで、はっきり立場がわかれてきます。そういう「好き」「嫌い」をグループ分けして読んでいくと「二項対立」がはっきりしてくるのです。

多くの場合は、最初に一般論を一応確認して、あとで否定するのが一般的なパターンです。人は最初に言っていることが本心と違うことが多く、最後に言いたいことを持ってくるものだからです。

ですから、評論文も最初の方ばかりじっくり読んでいると失敗します。そこで私がおすすめするのは、A対Bの対立図式を勢力図のように書いていくことです。紙を一枚置いておいて、それに図化していくのです。

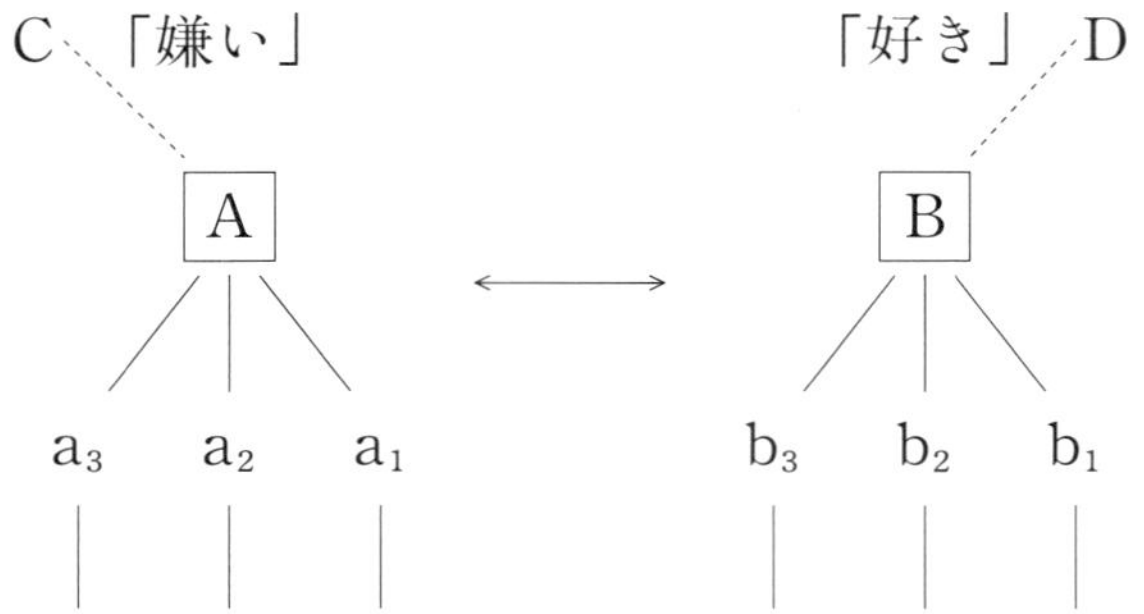

評論文の対立図式

そしてCの話はAの味方、Bの応援団《おうえんだん》はDというように、勢力図を作っていきます。さらにBの中にもb_1、b_2があって、この人がいちばん好きなのは〇〇というように、細かく分けていきます。

ちなみにこれは分節化という作業です。もともと言葉とは分節化するのが主な機能です。どういうことかというと、世界がすべて同じものに見えてしまったとしたら、言葉は必要ありません。たとえば犬と狼《おおかみ》は似ていますが、やはり違います。そこで「犬」と「狼」という言葉を作ると、違いがはっきり意識でき種類分けができます。そうやって分けていく、つまり分節化していくことが、言葉の基本的な機能です。

分ける最初の単位は二つです。いきなり四つ五つに分けられてもわけがわからなくて混乱しますが、まずは二つに分けてから、それをまた二つに分けると、整理しやすく、わかりやすい勢力図が描けます。

それが書けたら、今度はその図を見ながら、その人が言いたいことを声に出して言ってみます。すると驚《おどろ》くほど、評論の骨組みがしっかり見えてくるはずです。

ですからまず図化する。次に図を見て、その人が言いたいことを再生する、という順序で練習すれば、難しい評論も現代文もこわいものなしになるでしょう。難しい文章はほぼ同じ構造であることがわかります。

課題　評論文の勢力図を書いてみましょう。図を見ながら、著者の言いたいことを声に出して言ってみましょう。

評論文の書き方のコツとは？

ほとんどの評論文がそのような二項対立構造になっているということは、評論スタイルの論文やレポートを書くときにも、そのように書けばいいということです。

どうするのかというと、まず紙に対立するA、Bを書き、考えられるいろいろな考えをAグループとBグループに分け、書き出していきます。自分の好きなものはBグループに入れておき、Bの中でも「とくにこれが好き」という本丸を決めておきます。

次に自分なりの問いを立てて、最初にAの話をしていきます。でもそれは見方を変える本当のところはBの中にあるのではないか、と述べながら、その中でまた腑《ふ》分《わ》けをしていく。そうすると、文章が順を追って、自分がいちばん「好き」なところに導かれていきます。

このように「弁証法」的な書き方ともいえる「二項対立方式」は、二人で対話しているときのようなダイナミズムがあって、最後に結論に到達したときの爽快《そうかい》感は、ベタな論文の比ではありません。「弁証法」とは、互《たが》いに対立しあうものが矛盾《むじゅん》を乗《の》り越《こ》えて新しい地平を開くという方法論です。文章においてもそれができると、かなりのハイレベルですし、読む側の能力をも要求します。

その最たるものが、メルロ＝ポンティの文章でしょう。私はこの人の文章に本当に参ったことがあります。最終的に否定される考えが一〇ページも二〇ページも続くものですから、赤のボールペンでさんざん重要箇所に線を引いていったら、そこを全部否定されてしまい、がっかりすることがよくありました。

この本ではそこまでの水準を要求しませんが、時間がある時にチャレンジしてみるといいでしょう。

結論を先に書いて理由を示す

論文やレポートの書き方として、「二項対立」以外にもうひとつやり方があります。それは「言いたいことはこれです」と最初に書いておいて、その理由は以下の三点です、第一にこれ、第二にこれ、第三にこれというベタな書き方です。

言いたいことを最初に書き、その理由も整理して並べてあるので、感動や起伏《きふく》はあまりありません。しかし、試験官や採点者がたくさんの人の文章を読まなければならないレポートやゼミの論文、入試の小論文などはこちらのほうが無難でしょう。

まずいちばん先に結論を言い、その理由を整理するのですが、すっきりした文章にするには理由は三つが限界で、どの三つを選んでくるかにセンスが問われます。

とくに理科系や英語の論文は、最初にテーマと結論があって、次にその考察のポイントや理由を書いていくという形式がほとんどです。これは万国に共通するわかりやすい文章の典型であり、論文の作法になっています。

この書き方だと、どんな人が読んでも、論旨を取り違えることはありませんし、最初の結論部分だけ読めばいいので、時間がない人でもわかります。

ですから、私もスパスパと言いたいことを提示し、できればタイトルを見ただけでその文章の内容がわかるようにしています。これからの時代に求められるのは、まさにそうしたわかりやすい文章ではないでしょうか。

村上龍《むらかみりゅう》さんの本に『すべての男は消耗品《しょうもうひん》である』というのがあります。『すべての男は消耗品である』というタイトルを見ると、何となく内容が想像できます。これが「現代における男とは？」とか「男の本質とは？」というタイトルを付けられると、それだけでは内容はわかりません。

いきなり「消耗品である」と言い切っているために、言いたいことがスパッと伝わってくるのです。ですから文章は、自分が言いたい主張を一文にまとめ上げ、その一文が新しい見方を伝授するようなインパクトがあれば、なおさら良いということになります。

メモをつくってから書きはじめよう

ですから論文やレポートを書くときも、文章の合間に見出しをつけていくと、構造がはっきり見えてきます。できれば書く前に、論点のメモをつくっておくといいでしょう。

ここで言いたい論点はこの三つというように、構造をはっきりさせてから書かないと、書きながら論点がどんどん増えていって、まとまりがつかなくなる恐《おそ》れがあります。書くのが下手な人の典型的なパターンは、メモもなしでいきなり書き始める人です。私自身頭の中だけでは、考えはまとまりません。書く前にはキーワードをメモしていきます。つまり、構想は頭の中で練るのではなく、紙の上で練れということです。紙の上に脳みそを広げるような感じで、まずは出てきたネタというネタをすべて書き出してみます。それから書き出したものを数グループに分け、論点①、②、③と番号を付けて整理し、それらについて順番に書いていけば、全体の構成などを練らなくてもすらすら書けます。

この論点の洗い出し作業を、他の人と組んでブレーンストーミング（否定的なことは言わずに、脳みそを嵐《あらし》みたいにかきまぜて、とにかくアイディアを出す作業）で出すケースもありますが、慣れてくれば、自分一人で紙の上で出来るようになります。それを習慣にすることが「書き上手」になるコツです。

メモの話が出たついでに触《ふ》れておきますと、ふだんから自分の中の変化や出来事を敏感に書き留めたり、思いついたアイデアを記録してメモをとったりする習慣はとても大切です。メモをとると、より深い体験をしようとする意欲が刺激されます。それ自体が

〈人生の予習・復習をする〉

①「あの頃」力――日々、思い出す
「若かったあの頃」「あの頃二人のアパートは……」「あの頃は愛だとは知らないで……」
『されどわれらが日々』
思い出す力＝青春力
人生の季節、センチメンタリズム
「人生は……」フレーズ、つぶやき力、納得

②「ふとした瞬間」力――瞬間＝永遠、ふいに
小田和正、秋の気配など、「今……」
心の変化、別れ、恋の予感、予感と思い出しの連続
はかなさを愛する、気づく

③「道」概念――一途・一徹・信念・貫徹
捧げ力、願う、祈る

④受け容れる――禅の力
気質・運命・病死
痛み（『包帯クラブ』）
孤独

⑤奇・異を楽しむ

⑥もてなす、祝う

⋮

著者が『人生練習帳』を書く前につくった作業ノート

モチベーションになって、「これについて知りたい！　これについて書きたい！」という意欲につながります。

また、メモをとる訓練をすると、いろいろなものを箇条書きにして取り出す習慣が身についてきます。川に投網《とあみ》を投げて魚をとるように、自分の経験の中から、必要なものを取り出す技が身についてくるのです。ですから、ぜひふだんから手帳やノートを携帯し、メモをとる作業を続けてください。

そして文章を書くときには、メモから書くテーマに関連したネタを拾ってくるための作業ノートをつくります。「書き上手」になるには、このメモとりと作業ノート作りが欠かせません。

これらの作業が終わったら、とにかく自分の中にあるものを洗いざらい吐《は》き出《だ》す気持ちで大量に書いてみましょう。最初は大変ですが、始めてみることが大事です。最初の一歩を踏《ふ》み出《だ》せば、あとは枚数を増やしていくだけ。書くのが苦手という呪縛《じゅばく》から自由になれるはずです。

〈3日目〉　今日から読み上手、書き上手になろう——実践《じっせん》編

「書く力」に必要な「読《よ》み込《こ》む力」

三日目はいよいよ実践に移りたいと思います。

その前に「書く」ことの大切さについて、もう一度確認しましょう。時代の流れとして、いまは自己アピールの文章を書く場面がとても増えています。たとえば、入学試験にも自己推薦《すいせん》という入試の方法があります。学校の成績証明と一緒《いっしょ》に、自分のやりたいことや自分がどういう人間かをアピールする自己推薦文を書いて提出。面接官がその書類を見ながら面接して、合否を決めるというやり方です。

自己推薦入試の比率が年々高まっているのは、学校側は個性豊かな特色ある学生を確保したいのと、子供の数が減って高校はもちろん大学でさえ全入状態になっているので、

できるだけ早めに学生を〝青田買い〟したい気持ちがあるからです。

受験する側からすると、厳しい入学試験を受けなくても、ふだんの勉強をちゃんとやっておいて、自分をアピールする文章さえ書ければ試験に通ってしまうのですから、お得な受験のしかたです。

それだけではありません。その後の就職のさいにも、ほとんどの企業《きぎょう》で自己アピールの文章が求められます。つまり、「書く力」は人生の節目でずっとついてまわりますから、「書き上手」になることは、社会で生き残っていくための必須《ひっす》の条件といってもいいでしょう。

そのためにはどうしたらいいかですが、ここから三日目のテーマに入ります。自分について「書く力」をつけるためには、「読み込む力」が必要です。つまり、自分自身を表現する文章を書くという行為《こうい》の手前に、あるものを読んでそれについて書くという作業が必要だということです。

なぜ「読む」という行為が「書く」前に必要かというと、ただやみくもに自分のことを書いても、小学生・中学生の書く作文とあまり変わらなくなってしまうからです。自分のことだけを主観的に述べた文章は、意外につまらなく、レベルの低いものになりがちです。しかしある程度知的な題材が与えられ、それを読み込む形で意見を述べるようにすると、その文章がレベルを引き上げてくれるので、自分の文章も知的になります。

たとえば映画批評をするにしても、『ロッキー』や『ダイハード』のように決まりきったパターンがあって、単純に面白《おもしろ》いだけの作品について、深い批評を書くのは難しいでしょう。しかし、たとえば小栗康平《おぐりこうへい》監督《かんとく》の『埋《う》もれ木《ぎ》』のような重層的な作品について批評するとなると、対象が知的なだけに、書くほうも必然的に知的な文章にならざるをえません。小栗さんは『泥《どろ》の河《かわ》』や『眠る男』『死の棘《とげ》』を撮《と》った監督で、『死の棘』ではカンヌ国際映画祭の審査《しんさ》員《いん》特別グランプリを獲得《かくとく》しています。

なかでも『埋もれ木』という作品は構造が重層的になっていて、一見難解な映画です。時間の軸《じく》は古代と現代を行き来し、いろいろな人の意識、無意識が錯綜《さくそう》して出てきます。ですから突然《とつぜん》ラクダが道を歩いているシーンが登場したり、チベットの少数民族が使うトンパ文字が出てきたりして、びっくりします。頭の中に浮《う》かんだことが映像として表現されているのですが、それが読み取れないと、何がなんだかわからなくなると思います。

実際、この映画を見終わったあと、さっぱりわからなかった、という人が少なからずいたようです。しかし、ある程度映画の文法を〝読める〟人にとっては、語りたくなるようなヒントがたくさんある作品です。

話はちょっと横道にそれますが、私は小栗康平さんと新聞紙上で対談をしたことがあります。そのとき小栗さんの言葉で印象的だったのが、「この一〇年で日本の映画の観客がかなり壊《こわ》れてしまったという実感を持った」ということでした。

前作の『眠る男』を撮《と》ったときと、一〇年後のいまを比べると、映画の見方の文法をまったく知らない人が大量に出現し、映画がテレビのようになってしまった、というのです。ストーリーがわかりやすく、登場人物が説明的であり、誰《だれ》が見てもわかる単純なものが求められるようになり、映画を見慣れている人には通じる見方の文法が一般《いっぱん》の観客には通用しなくなった、とおっしゃっていました。

映画は一〇〇年以上かけて、複雑な文法を発展させてきました。それがわかる人にとっては、いわば謎解《なぞと》きのような楽しみもあるので、語り合う内容も必然的に知的なものになります。

しかし面白いだけの単純な映画だと、「いやあ、主演の誰々はかっこよかったね」とか、「あの車の爆破《ばくは》の場面がすごかったね」という感想に終始し、どうひねっても知的にはなりません。「すごかったね」「よかったね」で終わってしまいがちです。

ということは、何かについて語るときも、その対象が知的であって、自分にそれを読み解く力があれば、書く内容のレベルが必然的に高くなるということです。その作業をまったくせずに、自分の知的レベルだけで、高度な内容の文章を書こうとしても無理でしょう。まさにこの本のタイトル通り、「読む」ことがうまい人＝「書く」ことがうまい人であるのは間違《まちが》いありません。

作家でも三島由紀夫《みしまゆきお》、川端康成《かわばたやすなり》、谷崎潤一郎《たにざきじゅんいちろう》、大江健三郎《おおえけんざぶろう》……と挙げればきりがないですが、読書量が半端《はんぱ》ではありません。大江健三郎などは、小さいときに町の図書館の本を全部読んだというぐらいです。三島由紀夫も尋常《じんじょう》ではない量の本を読み、どんなことについても語ることができました。

そういう人達が、本当にレベルの高いものを書いていたのです。素晴《すば》らしい文章を書くためには、たくさんの本を読んでいることが絶対に必要で、天才的な書き手は読まなくても書けるのだ、というのは思い上がりもいいところです。世界の作家がみなそうやって努力して、それまでのものを乗《の》り越《こ》えてきたのです。

このように「読むこと」と「書くこと」とは地続きになっているので、三日目は両方を同時に鍛《きた》えられる練習をしていきましょう。

1　東大の国語入試問題にチャレンジしてみよう

そのためのトレーニングとして、東大の国語入試問題にチャレンジしてみましょう。

いまはもうなくなってしまったようですが、かつて東大では入試に必ず「二〇〇字作文」を出題していました。私が受験したときも、たしかこれがあったはずです。「次の文章を読み、作者の見方や感じ方について、一六〇字以上二〇〇字以内で各自の感想を書け」というようなパターンが多かったと思います。大学入試としては、かなり思い切った出題です。なぜなら、採点者の間で、どういう答えをよしとするのか共有するのが難しいからです。にもかかわらず、あえて大変な記述式問題を入試に出題していた理由は、受験生の「表現力」を見たかったからではないでしょうか。

現代文の問題では、記述式といっても、せいぜい「傍線《ぼうせん》部についてわかりやすく説明せよ」という程度にとどまってしまいます。これは完全に著者のほうに身を移す答え方です。もちろん、そうした解説者のような立場に立つ人も必要です。

しかし、一方でマグマのように噴《ふ》き出《だ》す自負心とモチベーションを持ちすぎて、「傍線部を説明せよ」と言われているのに、自分自身を投影《とうえい》してオリジナリティあふれる自分の解釈《かいしやく》を加えたために、答えがバツになってしまう人もいます。そういう自尊心あふれた血気盛《さか》んな若者も合格できるように、「二〇〇字作文」という形で、その人自身が吐《は》き出《だ》せるような場所を大学側が提供したのだと思います。私はこの出題形式が、復活するといいと思っているくらいです。

ただし、作文といっても勝手な思い込みだけで書いてはだめです。つまり客観的な認識を踏《ふ》まえた上で、角度のついたオリジナルな文章を加えられるかどうかを判定したかったわけです。まったくフリーハンドで、自分の好きなように自由自在に書くのとは違います。

小論文の採点を長くやっていてわかったのですが、自分の言いたいことが強すぎるために、相手（課題文）の主張をねじ曲げてとってしまう人がいます。そういう人は議論しても、他人の意見を誤解し、言葉をさえぎって自分の言いたいことだけ言うようになりがちです。ですからまずは、課題をきっちり理解し、その上で自分の意見を言うという段取りが妥当《だとう》でしょう。

ではこれからその「一二〇〇字作文」を何問か取り上げ、「読み込む力」と「書く力」を訓練していきたいと思います。

次の二つの詩は同じ作者の作品である。二つの詩に共通している作者の見方・感じ方について、各自の感想を一六〇字以上二〇〇字以内で記せ。(句読点も一字として数える。)

積もった雪

上の雪
さむかろな。
つめたい月がさしていて。

下の雪
重かろな。

大漁

朝焼け小焼けだ
大漁だ
大羽鰮《おおばいわし》の
大漁だ

浜は祭りの

何百人ものせていて。

中の雪
さみしかろな。
空も地面《じべた》もみえないで。

ようだけど
海のなかでは
何万の
鰯のとむらい
するだろう。

（東京大学一九八五年度、文理共通問題第二問）

これは金子みすゞの『積もった雪』と『大漁』を題材にしています。金子みすゞの詩は私が総合指導をしている『にほんごであそぼ』という幼児向けの番組でもやっているぐらいですから、意味がわからないという人はいないでしょう。何となく雰囲気《ふんいき》はわかりますし、おそらく心の中で感じるイメージにも共通するものがあるだろうと思います。

しかし、あえてそれを言葉にしろというと、雰囲気と言葉との間には距離《きょり》があります。

まず詩はイメージが大切ですから、そのイメージが自分の中に浮《う》かんでこないと理解できません。詩とは、作者が何かに対して自分の感性のアンテナを敏感《びんかん》に反応させて、自分の中で感情を発見し、それを文字にあらわしたものです。

そのためにはまず、作者がどういうものに感性のアンテナを反応させたかを、作者の立場に立って考えなければいけません。金子みすゞは何を発見したのか？　という観点で見ていくとわかりやすいと思います。

まず『積もった雪』で言いますと、彼女《かのじょ》の場合、雪が感情を持っているものとして見えているのが基本的な認識です。雪自体が冷たいわけですから、「雪が寒い」ということは常識ではあり得ません。

また、ふつう雪は降って積もるだけの存在ですが、彼女は雪の中に三層を見出したところが発見です。「上の雪、中の雪、下の雪」と三段階に分ける発想はなかなかありません。上と下ぐらいは何とかイメージする人はいるかもしれませんが、真ん中の雪に対する目は、ふつうは持たないと思います。なぜこの人はふつうは発見できない真ん中の雪を発見できたのかというと、彼女はいつもみなの目にふれないところのものを見ているからだ、ということがわかります。

私たちがふだん生きている世界は人間の視点からばかり見ているので、見える世界が限定されてしまいます。もう少し見えないものにまで感性のアンテナを電波のように発信させてやると、自分の発した電波が跳《は》ね返《かえ》ってきて、相手の状態や場所がわかります。真ん中の雪に感性を働かせたとき、真ん中の雪がもし気持ちを持つとしたらどうだろうと想像をめぐらせると、空も地べたも見えないことがわかります。このことから、金子みすゞの詩にはどんなものにも生命が宿るという、アニミズムの影響《えいきょう》があることがうかがえます。

また、小さな子供特有の感性も見られます。子供は人形や車のおもちゃをまるで生きているように扱《あつか》います。大ヒットしたムシキングの虫の世界のように、ある種の感情移入した世界を作り上げるのが得意です。昔、私がよくやったのは、動物のおもちゃで遊ぶことでした。小さいキリンやシマウマをサバンナに見立てた畳《たたみ》の上に置き、延々と物語を作ったり、対話させたりして遊びました。子供の感性としては、とても自然な形です。私たちがそうした「ごっこ遊び」のような想像力を働かせているときは、心が遊んでいたり、他のものに乗り移っていきやすいときです。詩人はそういう感性のフィールドの在り方を技《わざ》にしている人達です。

しかし、金子みすゞがいつも子供の感性だけで生きていたわけではありません。彼女は文学に対して無理解な夫と結婚《けっこん》し、過酷《かこく》な人生を生きていました。ですから十分大人の考え方もできました。そうした自分の心の中の痛《いた》みが、他の人の痛みに対する感度も高めています。『大漁』も有名な詩ですが、海の中で鰯《いわし》がとむらいをしているというのは、自分にあまり痛みを感じたことのない人にはできない想像です。これもまた、海の中という見えないところに感性を働かせている例です。もちろん鰯はとむらいをしませんが、金子みすゞはつねに弱者に対して感性を働かせているために、そうした見方ができるわけです。

つまりこの二つの作品に共通している作者の見方、感じ方は、人が見えないところにいる弱者の気持ちを推《お》し量《はか》り、痛みや辛《つら》さを表現できない人の気持ちを言葉にしているということになります。

この問題の場合、問題文が親切で「共通しているものは何か」と聞いていますから、わかりやすいと思います。もしみなさんが解答を書くときは、比べるもの二つを並べて共通点を語る、あるいは違いを見つけて語るのがやりやすいと思うので、このパターンを覚えてしまうといいでしょう。

課題文で自分の経験をすくいとる

さて次に、自分がそれについてどう思うかということです。

いちばん単純なのは「私は金子みすゞが好きです。なぜなら小さいものや弱いものの気持ちがわかるからです」というものです。しかしこれでは少々寂《さび》しい文章です。ここではまず二〇〇字以内という制限を外して、自分の中から何が引き出されてきたかを考えてみたいと思います。

何かに触発《しょくはつ》されることはとても大事です。文章は触発される力を利用して書くものだからです。この詩で言いますと、まず最初は「この詩が好きだ」「嫌《きら》いだ」という段階があります。どうも詩がピンとこずに「雪に感情があるわけがないじゃないか」と、単なるセンチメンタルに思えてしまうとか、子供っぽい文章だと感じる人もいるでしょう。

しかし、それでは単なる好き嫌いの段階で止まっていて、自分の中の何かが引き出されるような触発される感覚までは至《いた》っていません。最初から「これはあんまり趣味《しゅみ》じゃない」と言う人は、網《あみ》で経験をすくい上げようという意志がないわけです。最初の段階であまりにも単純な「好き」「嫌い」にとらわれてしまうと、それ以上何も掘《ほ》り下《さ》げることができなくなってしまうので注意してください。

ですから好き嫌いとは違うところで、この詩が引き金になって自分の中で思い出すことはないだろうかと考えてみます。するといくつか方向性が出てきます。

いちばん簡単なのは、自分が経験したことを、この詩をきっかけにして洗い出してみることです。

『積もった雪』『大漁』という詩を網にして、自分の経験をすくい取ってみるイメージです。それができれば、課題文が変わっても魚が引っかかってきやすくなります。

たとえば『大漁』のほうで言えば、私の場合は小学校六年生のときのフナとカエルの解剖《かいぼう》を思い出します。先生が「きょうの授業で大事なことは何でしょうか？」と聞いたのですが、私は「ちゃんと解剖して中身がわかることです」と答えました。おそらく先生が求めたのは、カエルの命を奪《うば》うことに対して申しわけないと思っているかどうか、その重みを受け止めているかどうかだったのだと思います。

そういうように、自分の中で「そういえば小学校のときにカエルの解剖を面白がってやってしまった」とか、「意味もないのにアリを踏《ふ》み殺《ころ》して遊んじゃった」という殺生《せっしょう》の経験を思い返して、それをクロスさせて文章に入れていく。そうすると、少なくともこの詩が、その人の経験の世界に入ったということが相手にはわかります。

そのときに、経験したままの状態より、そこから触発されたちょっと意外性のあるつながりが提示できると、採点者にもおおいにアピールになります。たとえばイラクの戦争のような世界を揺《ゆ》るがす大事件と、『積もった雪』や『大漁』の詩が自分の中で結びつくのであれば、それを書けばいいのです。金子みすゞワールドとはおよそかけ離《はな》れたものが、自分というフィルターを通して、自分の中の経験と結びついて、そのつながりの面白さを示すことができると、それが自己表現にもなり、金子みすゞのメッセージを深く受け止めたことにもなるのです。

ですから、「詩だからわからない」と思わずに、金子みすゞの感受性に一度は寄《よ》り添《そ》い、そこで得た感受性を自分の経験のほうにふり向けてみればいいのです。

三角形をつくって広がりを持たせる

もう少し高度な技としては、自分の経験に加えて、少しスケールの大きい、あるいは質の違う現象を持ってくるといいでしょう。たとえば、何か別のテキストを提示して、「金子みすゞワールド」と「自分の経験」と「別のテキスト」の三つを結び付けて三角形をつくります。すると話が広がりやすくなります。

どんなものを別のテキストとして持ってくるかですが、この問題の場合ならたとえば、アウシュビッツについて書かれた、フランクルの『夜と霧《きり》』でもいいでしょう。この本の中には、アウシュビッツの中では希望を失った人たちから順番に命を失っていったという記述があります。ヒットラーに命を奪われ死んでいった者たちの声を代弁して書かれたノンフィクションですから、そういうものを金子みすゞと関連させてもいいでしょう。同様のもので『シンドラーのリスト』でもいいし、ユダヤ人の証言を膨大《ぼうだい》なフィルムにおさめ、記録にして残した『ショア』でもいいと思います。金子みすゞと『ショア』、さらに自分の中の経験として、カエルの解剖でもいいし、おじいちゃんに聞いた戦争体験でもいいですから、三つを結びつけて書くといいでしょう。

あるいは、もっと文学的に宮沢賢治《みやざわけんじ》の『よだかの星』を持ってきてもいいと思います。これは「よだか」というみにくい鳥が、名前が鷹《たか》に似ているけれど鷹ではないという理由《り》から鷹にいじめられるのですが、僕《ぼく》は一度も悪いことをしたことがないのにという理不尽《ふじん》さに辛《つら》い思いをします。

しかしそんな自分でも、飛んでいる最中にかぶと虫を口の中に入れて食べてしまいます。自分自身も食物連鎖《れんさ》のなかでより弱いものを食べて生きていくしかない。そういう生き方に絶望して、「いっそのこと星になってしまいたい」と思う物語です。

そこから、宮沢賢治のベジタリアン的思想を持ってきてもいいでしょうし、昔の人は食べる前に「申しわけありません」と合掌《がっしょう》するのを習慣にしていた、というエピソードを挿入《そうにゅう》するのもいいかもしれません。

とにかく、いい文章には自分の感性の中で揺《ゆ》り動《うご》かされたものを交えてあるのです。

私が採点者であれば、この詩が読み手にどれだけの触発力を持ったのかを聞いてみたい気がします。正しい理解がないと触発力も間違った形になりますから、まずは偏見《へんけん》を持たずに正しく理解してほしい。その上で自分自身の世界に食い込んだ感じを見せてほしいと思います。

では、この課題の二つの解答をあげてみます。

〈普通書いてしまいがちな解答例〉

二つともとてもいい詩だと思う。とくにすごいのは雪や鰯が気持ちを持つところだ。作者は雪や鰯にも人間のように感情を感じることができる人だと思う。ふつうは雪を見てもそんなことは思わない。また鰯が海の中でお弔《とむら》いするなんて誰《だれ》も想像もできないだろう。人とは違うすごい感性を持っている人だと思うので、私も金子みすゞのようにすごい感性を持った人になりたいと思う。（一七二字）

〈前の解答を改善した解答例〉

二つの作品に共通しているのは作者の弱いものに対する同情である。声にならない声を聴《き》く「やさしい耳」がみすゞにはある。とくに「中の雪」「海のなかの鰯」に気づく作者の感性に、人が目を向けないところにいる弱者への共感を強く感じた。私も以前『ショア』という本で、ナチの犠《ぎ》牲《せい》になった人々の証言を読んだことがある。強者の陰で犠牲になった人達の声なき声を聴きとる「やさしい耳」をもつことが、残された私た

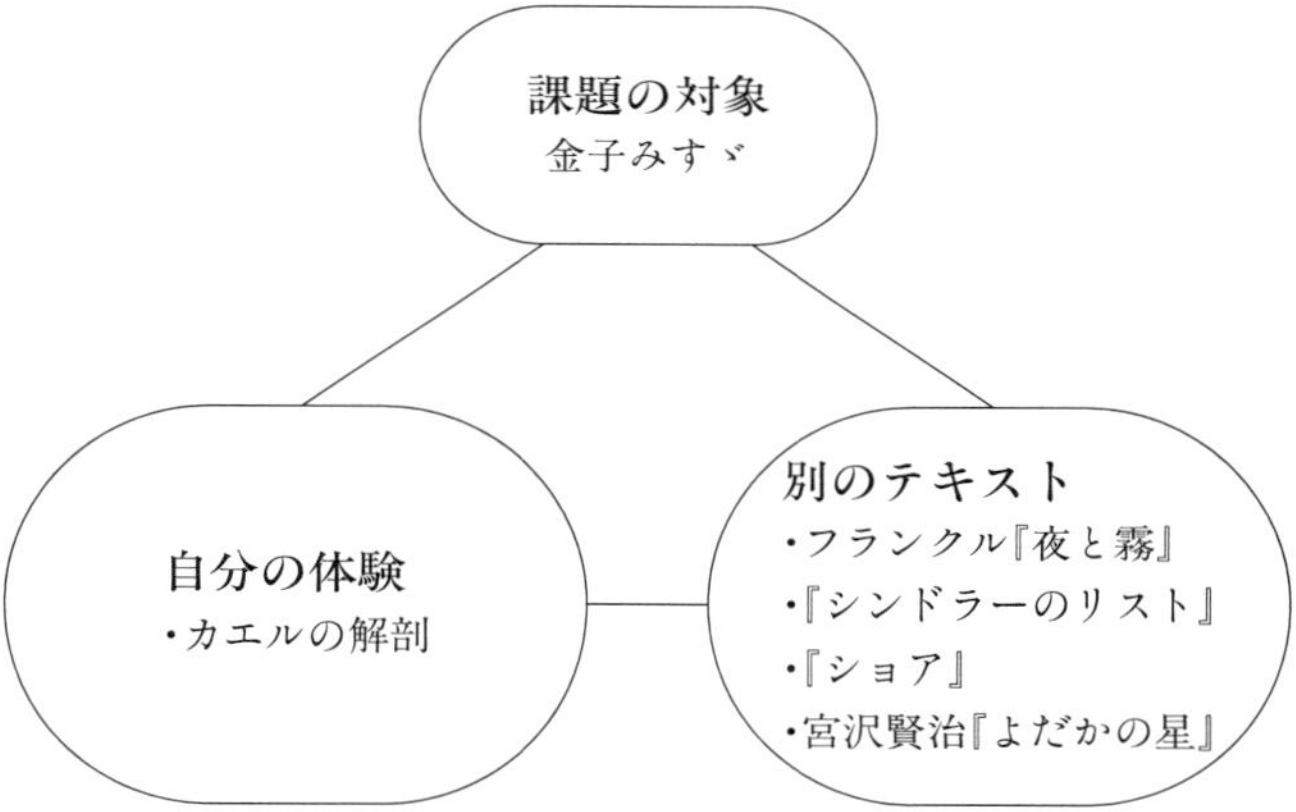

良い解答に導く三角形

ちの責任だと思う。（二〇〇字）

二つの解答例を比べてみると、違いがわかると思います。前者の解答例では金子みすゞの詩の説明になってしまっていて、感想は「すごいです」「私も金子みすゞのようになりたいです」で終始しています。

この場合は各自の感想が求められているのですから、まずは「作者はこう考えている」という分析《ぶんせき》をしたあと、「私はこの感性に対してこう思う」とか「この感性に触《ふ》れてこの経験が喚起《かんき》された」というものを、解答に盛《も》り込《こ》むのが知的な解答です。金子みず〟と自分を接触《せっしょく》させるところに生まれる火花が書ければ、出題者をうならせる〝攻《せ》め〟の解答になるでしょう。

キーワードをはずさない

また、文章を書くときのポイントは、キーワードを入れることです。とくに課題が与《あた》えられ、それについて書く小論文の場合、課題にある中心概念《がいねん》や考え方を象徴《しょうちょう》するキーワードを入れ、それが自分自身のワールドにどう触れてきたかが書ければ、いい文章になります。

そのことを頭に入れて、次の課題に挑戦《ちょうせん》してみましょう。

次の文章は、「いま〝前座〟がおもしろい」という題で書かれたものである。これを読んで感じたこと、考えたことを、一六〇字以上二〇〇字以内でしるせ。(句読点も一字として数える。)

注意　一、この文章の理解が前提となることはいうまでもないが、要約や説明を求めているのではない。

二、採点に際しては、表記についても考慮《こうりょ》する。

〝前座〟が面白い。本来、この言葉は落語や講談などで真打ちの前に出演することをいうのだが、今はもっと幅広《はばひろ》く用いられている。

スポーツで前座というと、何をさすのだろうか。ぼくはスポーツのことを書くことが多いのでスタジアムにはしばしば足を運ぶ。

ボクシングには、はっきりとした前座がある。その日のメーンイベントが始まる前に四回戦ボーイの試合がいくつも組まれるのがふつうだ。プロ野球でいえばファームの試合が前座的だ。高校野球でいえば地区予選か。重賞レースが行われる日の競馬の前半、第5レースあたりまでは前座のにおいがある。相撲《すもう》でいえば幕下の取組あたりまでが、いかにも前座らしい。

その前座が面白い、みんなが何者かになろうとしていて、いまだに何者でもない。玉と石が混淆《こんこう》している。誰《だれ》にも無限の可能性があるのだが、そこにいるほとんどの人間たちが、やがて何者にもなりえなかった自分を見つめつつ、いずこかへ去っていく。有限であると知りつつ、無限の可能性を夢見る。そこには妙《みょう》にざらざらとした存在感がある。無様《ぶざま》なパンチをくりだし、偶然《ぐうぜん》当たったパンチでKO勝ち。しかしそのことにすっかり酔《よ》ってしまい、ヒーローのように振《ふ》る舞《ま》う少年。彼《かれ》はそれをきっかけに無謀《むぼう》にも、夢に向かって突進《とっしん》してしまうかもしれない。あるいは、自分はもうこれ以上モノになりそうにないなと諦《あきら》めかけた男もいる。所詮《しょせん》、才能がなかったんだと。しかしこのルーキーに負けられないと、一瞬、目をぎらつかせる。

観客のいない球場、がらんとしたスタジアム、熱気が充満《じゅうまん》する前のリングの上にも、日々、ターニング・ポイントが用意されている。毎日、誰かが敗れ誰かが勝者になっている街、東京。路地を曲がったところでも、同じようなドラマが演じられているのかもしれない。人間のうごくところ、どこにでも前座のためのスタジアムがある。

(東京大学一九八六年度、文理共通問題第二問)

これは山際淳司《やまぎわじゅんじ》「いま〝前座〟がおもしろい」(読売新聞)を題材にしています。この課題で気をつける点は、問題の後にある「注意」の部分です。おそらくそれまでの受験生たちの解答が、「要約」や「解説」を並べた答案が多かったのでしょう。そのため、あくまで「感想と意見を求めているのだ」ということを強調しているのです。

ですから解答を作る以前に、自分がこの文章を理解して何に触発されるのかというところを見なければいけません。そのためには課題文を読むときに、どの文章に注目するかがポイントになります。

キーワードは「前座」です。強調マークがついているので間違いありません。ですから、なぜ作者が「前座」に興味を持つのかが理解の前提になります。

試合ではメインイベントがいちばんレベルの高いものですから、前にさかのぼればさかのぼるほど、レベルの低い試合が用意されています。大相撲でも横綱《よこづな》が出てくる前に、幕下の相撲があって、序の口、序二段と順々に強い力士の取組になっていきます。最初のほうの取組は、見ているほうも脱力《だつりょく》してしまうようなレベルの相撲が続きます。レベルの高いものだけを好む人にとっては、前座は面白くないので最後のほうだけ見ることになります。

しかし、この作者は「前座」が面白いと言っている。その理由については、四段落目に丁寧《ていねい》に書いています。「みんなが何者かになろうとしていて、いまだに何者でもない」「有限であると知りつつ、無限の可能性を夢見る」「妙にざらざらとした存在感がある」といった文章がそれに相当します。

まずは文章全体のキーワードである「前座」に注目して、著者の「前座」に対する考え方、なぜ面白いかをつかみとる。その上で、自分なりに反応するキーワードを見つけます。たとえば、「前座」に関連して登場する「ターニング・ポイント」や「ドラマ」という言葉に注目してもいいし、「毎日、誰かが敗れ誰かが勝者になっている街、東京」という文章の「東京」を選ぶ手もあります。

「ドラマ」という言葉に注目すると、たしかに試合というのは前座かメインイベントかに関係なく、出る人にとってはこれが最後という試合は少なくありません。地区予選から勝ち上がって全国大会へ進むような場合やトーナメント方式で行われる試合の場合、つねに土俵際《どひょうぎわ》で戦っている者同士が起こす「ドラマ」が繰《く》り広《ひろ》げられています。それは私たちの生活にもいえます。ほとんどの人はスーパースターになれるわけではなく、いわば前座的に生きざるを得ない人の方が多い。その中で起こる「ドラマ」を思い返してもいいでしょう。

あるいは「東京」というところに反応するなら、地元ではメインイベントに近いところにいられた人（「地元じゃ負け知らず」）が、東京に出てきたらいきなり前座からやり直しのようになり、居場所がなかったという体験を書いてもいいでしょう。

あるいは「妙にざらざらとした存在感」というワードに反応して、「そういえば私の周りには無名だけれど、『妙にざらざらとした存在感』のあるこんな人やあんな人がいる」と思い返してみる人もいるかもしれません。

ここでどれをキーワードとして持ってくるかによって、網が違ってきますから、すくい出されるものも違ってくるのです。

課題を肯定《こうてい》または否定する立場で書く

さて課題に対する書き方として、作者の考えを肯定する論、または否定する論を立てるというやり方を紹介《しょうかい》します。

まず肯定する場合を考えてみると、たとえ低いレベルの「前座的」な位置にいても、存在感があるのだという考え方です。

前座の試合は、未熟さ加減も含めて人間というものをよく見せてくれます。私たちの生活は、むしろ前座的な要素に近いわけですから、前座の試合のリアリティに触れて、自分が生きている実感や活力をもらうことができるわけです。試合を単なる技術のレベルだけではなく、自分の人生にひきつけて見ると、さまざまな人間模様の面白さが見えて幅広《はばひろ》く世の中がわかる、というのが肯定論の筋です。

一方、否定する立場で考えてみましょう。否定する場合は、たんに批判するだけでなく、それを乗り越えたものを提起する必要があります。

これは、けっこうリスクがあります。たしかに作者に対して絶対服従するのではなく、

「ここはこういう見方があるのではないか」と課題文の視点を批判したり、違う角度が提示できれば、そのほうが〃乗り越え感〃が出てきます。しかし、作者の主張を十分理解できていなかったり、読み込みが浅いために作者の論調を否定してしまうこともあり得るので、「それは誤解《ごかい》ですね」「読み方が浅いですね」と言われてしまうと、試験の場合はアウトになってしまいます。その意味では、明確な否定の論を立てずに、もう少しズラしたスタンスで書いたほうがリスクが少ないでしょう。

この問題でしたら、「前座はいわば人間劇場を見ているようで、面白いのはわかるが、自分自身がいま何者かになろうとして何者にもなり得ていない状況でもあるので、前座を見ると、自分を見ているようで切ない」というような書き方は無難です。つまり、「前座は面白い」というテーマに対して、「前座は切ない」を対峙《たいじ》させるわけです。

作者を否定するにしても、「この作者はちょっと醒《さ》めすぎだ」とか「ポジションが〃上から目線〃だ」という批判になってしまうと、それは自分のワールドに食い込めていないので、あまりいい解答とはいえません。「何者かになれない」前座の焦《あせ》りを、自分自身に一度ぐらせたときに、どうなるかが重要です。

解答に入れる材料の例をもっと高尚《こうしょう》にしたければ、先程の問題のときのように思い出された本を持ってくるのもいいでしょう。たとえば、ドストエフスキーの『罪《つみ》と罰《ばつ》』だったら、何者にもなれない自分への焦りから殺人に向かってしまった、主人公のラスコーリニコフについて、青年一般にも自分にもある焦りでとても共感するので、切なすぎて笑えないという書き方でもいいわけです。

あるいは脇役《わきやく》のマルメラードフに注目すれば、彼は酒飲みでどうしようもない人間ですが、それに対する「どうしようもない人間はこの世に生きていてはいけないのか」という、ドストエフスキーの問いかけを捉《とら》えることもできるでしょう。私なら高校生の時点で、しっかりドストエフスキーの世界を引用できるものにしてあるだけで、ポイントを高くつけます。

とにかく、「前座」という視点から触発されて、自分のいろいろなワールドに入るなり、自分のアンテナが反応したものについて書いていくといいでしょう。

対立しているものが何かを見抜《みぬ》く

それでは次の課題です。

次のア・イ・ウは、同じ主人公が登場するシリーズものの映画のせりふである。ア・イ・ウのいずれかを選び、それを手掛《てが》かりとして、感じたこと、考えたことを、一六〇字以上二〇〇字以内で記せ（句読点も一字として数える）。なお、解答用紙の指定欄《らん》に、手掛かりとして選んだものの記号を記入せよ。

注意　採点に際しては、表記についても考慮する。

ア「インテリというのは自分で考えすぎますからね、そのうち俺《おれ》は何を考えていただろうって、分かんなくなってくるんです。つまり、このテレビの裏《うら》っ方《かた》でいいますと、配線がガチャガチャにこみ入っているわけなんですよね、ええ、その点私なんか線が一本だけですから、まア、いってみりゃ空っポといいましょうか、叩《たた》けばコーンと澄《す》んだ音がしますよ、なぐってみましょうか」

イ「寅《とら》さん、人間はなぜ死ぬのでしょうねえ」

「人間？　そうねえ、まア、なんて言うかな、結局あれじゃないですかね、人間が、いつまでも生きていると、陸《おか》の上がね、人間ばかりになっちゃう――うじゃうじゃ、うじゃうじゃメンセキが決まっているから、みんなでもって、こうやって満員になって押しくらマンジュウしているうちに、足の置く場がなくなっちゃって、隅《すみ》っこに居るやつが、アアなんて海の中へ、パチャンと落っこって、アップ、アップして『助けてくれ！　助けてくれ！』なんてね、死んじゃう。結局、そういうことになってるんじゃないですか、昔から。そういうことは深く考えないほうがいいですよ」

ウ　「梅の花が咲いております。どこからともなく聞こえてくる谷川のせせらぎの音も、何か春近きを思わせる今日この頃《ごろ》でございます。旅から旅へのしがない渡世《とせい》の私共が、粋《いき》がってオーバーも着ずに歩いておりますが、本当のところ、あの春を待ちわびて鳴く小鳥のように、暖かい陽《ひ》ざしのさす季節に、恋《こ》い焦《こ》がれているのでございます」

（東京大学一九九二年度、文理共通問題第二問）

これは、山田洋次監督の映画『男はつらいよ』の台詞《せりふ》からの出題です。こういう課題を読むときは、キーワード、あるいはキーフレーズを丸で囲ってしまうのがいいでしょう。アなら「インテリ」とか、それに対する「空っポ」などがキーワードになっています。同様に、イなら「深く考えないほうがいいですよ」、ウなら「粋がって」とか「恋い焦がれている」などがキーワードになります。そして、丸で囲った言葉やフレーズに自分が触発されるかどうかという観点から、素材とする文章を選ぶといいでしょう。

三つの文章に大筋で共通する視点は、インテリVS.庶民《しょみん》感覚のようなものです。アでいえば、明らかに「インテリ」対「非インテリ」の対立です。イはそれに近いですが、「深く考えすぎてしまう人・抽象的に考えすぎてしまう人」対「あまり深く考えない人・ある種適当な理屈《りくつ》で納得《なっとく》してその問題にけりをつけてしまう人」の二つの対立です。ウの場合は対立というわけではありませんが、「旅から旅へのしがない渡世の私共が」というところがありますので、ここで言っている「暖かい陽ざしのさす季節に、恋い焦がれる」がどういうことかを理解しないと、本当にオーバーを着ないで歩いていて、暖かい場所がほしいのだなというような勘違《かんちが》いが起きてしまいます。

正しく読み取れば、寅《とら》さんは放浪《ほうろう》する渡世人のライフスタイルを粋がって続けているけれども、そうは言ってもふつうに定住して家庭を持ち、好きな人と一緒になって子供を育てる市井《しせい》の生活に憧《あこが》れている、ということがわかります。

次に、何と何が対立させられているのかをきちんと図にしてその対立軸《じく》を理解した上で、自分はどちらに立つのか、あるいはこの対立の図式自体をどう考えるのかというところで論を考えるのがいいと思います。こういう作業をまったくせずにいきなり書き始めてしまうと、的外れな文章になってしまいがちです。

単純な図でいいので、AとBというように分けてみましょう。Aがインテリや深く考えたいタイプの人だったら、Bは寅さん的な単純な生き方、深く考えない方がいいと考えるタイプの人です。

ですからたとえば、「空っポ」というキーワードはBグループに、「考えすぎ」というキーワードはAグループに入ります。

長くて複雑な文章の場合ほど、このグループ分けが役に立ちます。AとBの整理箱をつくり、そこに標札《ひょうさつ》をつけて、放り込んでいけばいいのです。要するにファイリングするようなものです。

こうやって整理しておけば、キーワードが一目で見渡せます。その中には重要なワードも、そうでもないものもあるので、さらに小さな引き出しに入れます。すると全体像がかなりすっきり見えてきて、複雑な文章でも理解できるでしょう。

図化を習慣化して「読む」と「書く」をつなげる

このように、図化を習慣化するのが、「読む」と「書く」の間をつなぐ橋になるわけです。

さて、図化ができたらいよいよ書きはじめるわけですが、ここからの能力がとくにビジネスの場でも要求されているものです。何と何がいま対立しているのか、共通点と相違点をクリアにして、グループに分ける。そしてそのグループ内で、何が重要で何が重要でないのかを分ける（グレード分け）。ビジネスの現場では、そうしたグループ分けとグレード分けがしっかりとできていることが、つねに求められています。

さて課題文に対する答え方ですが、これは自分の感性がどの文章に反応するかという問題です。

まず、イを選んだ場合を考えてみましょう。

ここで間違ってはいけないのは、「人間はなぜ死ぬのか」という問いに対して、ストレートに反応してしまい、「寅さんはこう言っていますが、それは間違いだと思います」という論旨を展開してしまうことです。

寅さんが言っているのは、論理の正しさではなく、深く考えないための方便です。つまりインテリのAグループに対して、非インテリのBグループ代表として、相手に「そういうことは深く考えないほうがいいんじゃないですか」と言っているだけです。もしまた寅さんに同じ質問を投げかけたとしたら、違う理由を言うかもしれません。そのへんのいい加減さも含《ふく》めて、相手に「考えないほうがいい」という説得のしかたをしているのです。

ですからここで問題にすべきは、「人間はなぜ死ぬのか」という問いに対する答えではなく、AとBの対立、つまり「深く考えるべきか・考えないべきか」についてです。「深く考えないべき」の立場に立つと、かつては「深く考えない人間はバカだ」という時代がありました。ちなみに漱石などが活躍《かつやく》したころは、「人間はいかに生くべきか」という問いに対して、「そういうことは考えないほうがいいですよ」と答える人がいれば、「人間として真面目《まじめ》に生きていない！」と糾弾《きゅうだん》されてしまったと思います。しかし、必ずしも「深く考える」ことが人間の義務ではありません。深く考えたい人は考えればいいし、考えたくない人は考えなくてもいい。だから人それぞれ好き好きの問題だと思う、という論が展開できます。

一方「深く考えるべき」という立場に立つと、「人間はなぜ死ぬのか」といった問いについて、その難問に迷い込み、哲学的《てつがく》、宗教的にがんじがらめに動けなくなってしまっても、そうやって苦しみながら考えること自体が楽しいのだという視点に立って、論を展開していく書き方があります。

あるいは、もう少し考え方を変えて、別の視点から迫《せま》ることもできます。たとえば「深く考えないですむ方法」について論じてみてもいいでしょう。

寅さんは屁理屈《へりくつ》を作って整理してしまいましたが、自分だったら日記に書いて忘れてしまうとか、風呂《ふろ》に入って忘れるとか、ひと晩《ばん》寝て忘れてしまうということを論じてもいいでしょう。

もっと高尚にしたければ、日本の禅《ぜん》の文化を持ってくる方法もあります。禅の中には

「人とはいかに生くべきか」について、延々と問いを発する流派もあるかもしれませんが、基本的には「無心」がその精神となっています。「人間はなぜ死ぬのか」という問いを持つこと自体に落としていくのが、禅の文化です。すると、自分は座禅《ざぜん》までは組まないけれど、禅の精神を取り入れて、深く息を吐《は》きながら考えてもしようがないことをどんどん吐き出していくようにしている、と書くこともできる。

私が採点者なら、おおいにその学生に関心を持ちます。「寅さんのように深く考えない生き方が、シンプルでいいと思います」という単純なとらえ方より、はるかにポイントの高い答え方と言えます。知識がないとプラスアルファのある文章は書けないものです。

単純な図式で解釈しない

次に、アを選んだ人は「寅さんのように『線が一本だけ』の単純な人には未来がない、そういう人は能力が低く、しょせん下流でとどまる人だ」という図式があるとすると、一度その図式を壊《こわ》す表現をしなければなりません。その上で、寅さん側に立つのか、インテリ側に立つのか、あるいはどちらにも立たないのかという姿勢を表さないといけません。

寅さん側に立って書くのは、論としてはやりやすい方法です。インテリといっても、複雑に考えすぎるとわけがわからなくなってしまうので、すっきりしていたほうが決断も早いし、大切なものを見失わないですむ、というように論を展開していきます。

たとえば、「インテリはやたらと悩んだり自己主張をするが、人間はもっとシンプルに生きるのが本来の姿なのではないか。そういう風に寅さんを見ていくと、人間性が豊かだと感じる。考えてばかりいると人間的な魅力《みりょく》がなくなってきて、考えること自体が仕事になってしまう。しかし、生きて生活していく実際性の中にこそ、人間は存在感や魅力が出てくるのではないか」といった展開は、わりと簡単に書けます。書き方に自信がない人たちにとっては、危険が少ない論法でしょう。ともかくインテリが偉《えら》いという図式は一応否定できます。

次に、インテリ側に立って考えてみると、「現代社会は昔より複雑になっている以上、考える内容も複雑にならざるを得ないので、それを拒否《きょひ》する考え方は、むしろ優しさに欠ける面があるのではないか。シンプルに感性だけで反応すると、この複雑な社会の中では間違ってしまうケースがある。複雑に絡《から》み合《あ》っているものを丹念《たんねん》に解きほぐしていって、先入観をできるだけ排除《はいじょ》してものを見るためには、複雑さに対する耐久性《たいきゅうせい》やメンタルタフネスを持っていることが必要なのではないか。それが現代社会における優しさであって、「シンプルに反応すればいいというものではない」という展開のしかたもできます。

このように、寅さんの主張を否定した上で、逆の立場で論をたてるのは、課題文に寄《よ》り添《そ》うよりも高度な技術をともないますから、説得力が増します。そこまでいければなかなかのものです。

弁証法的にCの立場をつくってしまう

さらにA対Bの二項対立に対して、Cの立場で語るという方法もあります。「考えすぎてしまう」インテリと「考えすぎない」寅さん的生き方があったとして、その二つ以外にもう一つ新しい項を立てます。二項対立に対して、自分はAの発展形のものを考え

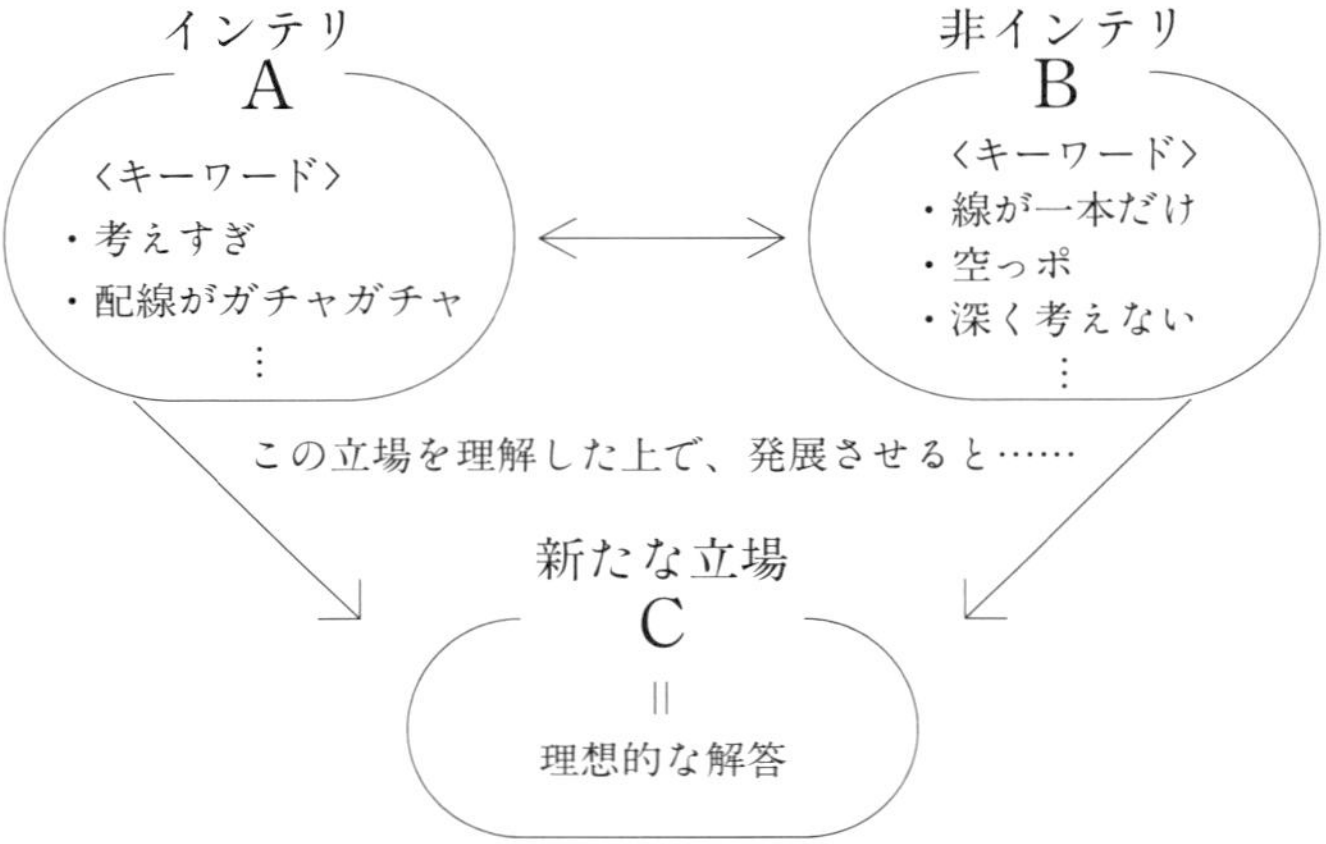

解答の精度を上げる弁証法的考え方

たい、あるいはBの発展形を考えたい、それをCとするという展開のしかたです。

たとえば、「考えすぎてわけがわからなくなるのは、本来のインテリではないのではないか。教養があって頭がいい本来のインテリは、物事をきちんと整理できるのではないだろうか。だから配線が複雑になって込み入ったとしてもすっきり整理できるはずだ」というCの立場をつくります。すると、似非《えせ》インテリと真のインテリを区別すれば、おのずと違いがわかってくるという書き方ができます。

一方、寅さん路線でいうと、庶民はみな

頭が空っポで、叩《たた》けばコーンと音がするかというと、そうではないのではないか。

必ずしも教養や知識がないから澄《す》んだ音がするとはいえず、庶民といっても寅さんのようにシンプルに考えるのではなく、ごちゃごちゃ悩《なや》んで、濁《にご》った音がする人もいるわけです。

ですから、「庶民だから知識が少ない＝考えないから頭が空っポで、叩けばコーンと澄んだ音がするということにはならない。寅さんのように澄んだ音がするのは、シンプルに考える線が一本だけの生き方をしているからであって、それにはそれなりの練習が必要なのではないか。だから旅をしているのではないか」という寅さんを発展させたCの立場を作ることもできます。

すると、寅さんがどんな美学を持って生き方を追求してきたかに迫《せま》ることができます。ここまで来れば、インテリ対庶民ではなく、線が一本だけの生き方をどう追求するのかという、新しい地平が見えてきます。

このように、対立図式を理解し、その図式を一度解体して、さらにその上の理解に進むことを「弁証法」といいます。もう一つ上の概念《がいねん》に理解を深める作業ができれば、

「書き上手」の達人です。

それができる人とは「対話」ができます。自分の考えがあって相手の考えがあって、それぞれ対立しているとしても、そこで主張し合ってつぶし合うのではなく、お互《たが》いに「そういえば、こういう考えをもうひとつ加えると、違うところが見えてくるね」という対話ができるのです。

本を読むときも、文章を書くときも、普通の会話をするときも、そういう対話的な考え方ができる地点をめざすのが最終目標です。論文や小論文を書くときも、そこまで行ければ高得点がつきます。AかB、どちらか片方に肩入れして、それを応援《おうえん》する段階だと、五〇点ぐらいのレベルですが、弁証法的にCの立場を創り出せた人は一〇〇点に近い点数がもらえるようになるでしょう。

2　エントリーシートを書いてみよう

エントリーシートとは、就職活動の際に、企業に提出する自己推薦文のことです。最近はほとんどの企業でエントリーシートの提出を義務づけているため、職をゲットするためには、どうしても避《さ》けて通れないものになっています。

二次面接に進むためには、エントリーシートを提出して突破《とっぱ》しなければなりません。エントリーシートが書けなければ「門前払《ばら》い」。面接試験はおろか、筆記試験さえ受けさせてもらえないのが現状です。

学生はこのエントリーシートをとても負担に思うようですが、私に言わせれば、これこそチャンスだと思います。なぜなら履歴書《りれきしょ》は事実を書かなければいけないので努力のしようがありませんが、エントリーシートは自分のアピール次第で結果が出せるからです。学歴や成績と関係なく、自分はこういう人間だと表現できるチャンスです。しかし、このチャンスを逆に負担に感じてしまう人が少なくありません。

エントリーシートを負担に思う理由はいろいろです。単純に文章力がなさすぎて日本語としてまとまりのある文章が書けなかったり、限られた枚数に充実した内容が盛り込めなかったり、もう少しましな人ですと、経験や考えは盛り込めるが、それがありふれていて自分の個性をアピールできない、ということもあります。

自転車で世界一周したというようなひじょうにオリジナリティのある経験があれば、書きやすいのでしょうが、ふつうの学生はそれほど変わった人生を歩んでいるわけではありません。ごくふつうに高校生活を送り、ごくふつうに大学に入り、サークル活動やアルバイトをする人生を歩んできた人たちにとって、とりたてて大きな出来事はありません。その場合にどうしたらいいか。これがいちばん大きな悩みかと思います。文章力を鍛えるという手もありますが、鍛えるには時間も才能も必要です。

ここで少し発想を変えてみましょう。採用試験を行う企業側の担当者の立場になって考えてみます。エントリーシートは何百枚、何千枚もが一挙に押《お》し寄《よ》せます。そのときに「この学生は人間的に見込みがあるな。もう少し話を聞いてみたいな」と思わせることができるかどうかが、〝足切り〟されないための最低条件です。

それを読んだ人に「あ、おもしろそうだな」「やる気があるな」「根性がありそうだな」「何か見どころがあるな」と思わせることを書かなければなりません。つまりそこにエントリーするだけの強い意志を盛り込まないといけないのです。「とりあえず書いてみました」風のものや、フォーマットがつくってあって、会社名だけ入《い》れ換《か》えて書いて送ったようなものは熱意が伝わりません。

ですから会社ごとに、ひとつひとつエントリーシートを作りなおす気概で臨《のぞ》んでほしいと思います。もちろん一〇社、二〇社と数多くエントリーする場合は、似たような文章になってしまいますが、そうはいっても相手を意識して書くかどうかは、文章に出てしまいます。相手がメーカーなのか、マスコミなのか、金融《きんゆう》なのかによって、当然、書く内容も変わってくるはずです。

つまり、相手の心にどう引っ掛かりを持たせるのかが肝心《かんじん》です。あまりに一般的だったり、ありふれた考え方ではスルーされてしまいます。いちばんまずいのは、自分の経験が入っていないものや自分の考えがクリアに述べられていないものです。相手に「もう少し詳《くわ》しく聞いてみたいな」と思わせるためには、自分のオリジナルなエピソードを入れたほうがいいでしょう。

平凡《へいぼん》なエピソードしかない場合はどうするか

しかし平凡な学生生活を送ってきた自分には、なかなかネタが出てこないという人もいます。そんなときは自分が新聞記者になったつもりで、メモを取りながら自分自身に取材してみます。取材される人と、する人の二役をやってみるわけです。

すると、自分のことが客観的に見えてきます。取材対象者である自分には、コメント力が問われているとわかります。いまの時代、テレビタレントでもそうですが、使えるコメントを言えるかどうかがタレント生命につながっています。自分の平凡なエピソードの中から何をどう持ってきて、インパクトのあるものに表現し直していくかが大事なのです。

そこで、ほとんどの学生は過《あやま》ちをおかしてしまいます。「大学で何をやってきたのか」ということについて、たいていの学生は「サークルに入って、音楽をやっていました」「テニスをやっていて、大会で何位になりました」「ボランティアをやっていました」など書いてしまいます。しかしこれは採用する側にとっては、あまり共感できません。音楽やテニスで採用するわけではないからです。

セブンアイホールディングス会長の鈴木《すずき》敏文《としふみ》さんと対談本を出したとき、印象的だったのもまさにこの点についてでした。鈴木さんは「学生時代に入っていたサークルの話をする人が多いけれど、それは意味がない。何を勉強してきたのかを聞きたい」とおっしゃっていたのです。

上手なエントリーシートを書くためのコツとは?

では、上手なエントリーシートの書き方のコツを、具体的にみていきましょう。

①大学でやった学問について書く

最近は、大学で自分が専攻《せんこう》してきた学問について答える学生があまりに少なくなっているようです。ですが、採用する側は、「勉強していないのなら、別に大卒を採る必要はない。会社で音楽やテニスをやらせるわけではないのだから、勉強してきたことをきちんと言えるようにしてほしい」と言うのです。

考えてみれば、これはごく当たり前のことです。大学は本来勉強しに行くところで、課外活動をしに行くところではありません。もちろん課外活動に意味があると考える企業もあるでしょうから、そういう企業に対しては、その要求に応《こた》えるようなネタを提供すればいいでしょう。

しかし多くの学生が課外活動についてアピールするのであれば、私は学生本来の「学問」の分野で素直に自分自身を表現するのが王道だと思います。

「大学に入って学問に出会い、理論を勉強して、そのことで世界観が変わり、それを徹《てっ》底的《ていてき》に勉強したお蔭《かげ》で、こういうものの見方ができるようになった。だから、それを元にして社会で力を発揮《はっき》していきたい」というのが本来の学生の姿です。

何のために自分は大学に行ったのか。そのあたりの根本的なところに発想を戻《もど》してそこを強調すれば、そういう学生は少ない中で目立つはずです。それでは課題です。

課題　自分が大学で学んだ学問を軸《じく》にして、その会社を志望するエントリーシートを書いてみましょう。

②自分の中の「変化」について書く

しかし大学で勉強らしい勉強はしておらず、サークルやアルバイトについてしか書けることがないという学生はどうしたらいいのでしょうか？

その場合は、自分の経験をただ書くのではなく、そこで何を学んだかにポイントをしぼるといいでしょう。とくに大切なのは自分がどう「変化」したかです。「変化」について書くと、人の共感を得やすいという特徴《とくちょう》があります。

たとえば音楽サークルの経験しか書くことがなかった場合、自分は音楽が好きで好きで、朝から晩《ばん》までギターを弾《ひ》いて、こんなテクニックまでできるようになりました、ということを書いても、相手の心に響《ひび》きません。その中で何を学び、どう変化したのか。

自分にとってターニングポイントになった出来事はこうだった、という具体的なエピソードを交えながら、そのおかげで自分という人間はこう変化したということを書いていかなければなりません。

するとと相手には「ああ、そういう出会いによって変化したのか」ということが伝わるので、その人の感受性や学習能力も推《お》し量《はか》れます。その人の素直さや、チャンスを逃《のが》さない敏感なアンテナや、ここぞという踏《ふ》ん張《ば》りどころで頑張る力などが推察できます。

学んだことや自分の中で変化したことを率直《そっちょく》に報告する中で、自分の感性や学習能力をアピールするのがいいでしょう。

③身近な出来事やエピソードを書く

変化を書くにしても、抽象的な話にしてしまうと、人と似てしまう可能性があるので、身近な出来事や具体的な場面を少し書くことで相手にイメージが伝わりやすくなります。

「何々をやっていました。すごく頑張りました」ではなく、「何々をやっていたとき、○

○でこういう出来事に遭遇《そうぐう》し、△△を学んで、自分はこう変わりました」というように具体的な場面を盛り込むのです。

企業が求めているのは「積極的」かつ「柔軟性《じゅうなんせい》」のある人間、ものの見方が多角的で、変化に対応できる人間です。いちばん避けたい人物は「積極的でなく」「頑固な人間」です。座標軸で書くと、積極的～消極的という縦軸があって、柔軟～頑固という横軸があります。ゾーンでいうと「積極的」かつ「柔軟性」のあるAゾーンの人を求めているわけです。「積極的」で「頑固」というDゾーンの人も、会社によっては「うちは頑固さは受け入れる度量があるから、積極性を評価したい」といって採ってくれるところがあるかもしれません。しかし多くの企業は部署の転換がありますし、顧客《こきゃく》やニーズに対して柔軟に対処していかないと、厳しい競争の中で生き残っていけません。自分の考えに固執《こしつ》している頑固な人間や消極的な人間は、だいたいにおいて動きが鈍《にぶ》くなってくるので、採用したくないというのが実情です。

誰もが一緒に働きたいと思うのは、物事に対応できる柔軟性と積極的なパワーにあふれる人間です。ですから文章の中で、体から満ちあふれるエネルギーがあるのだとアピールする必要があります。

それにはチャレンジする姿勢を示すのがいちばんです。新しいことに出会ったとき、困難にめげずに、自己肯定力を持って、トラブルや障害に対して乗り越えて行けるという基本的なスタンスを、そこで出さないといけません。

しかし反省文を書くわけではないので、「こうやったらだめでした。これからはよくしたいと思います」という文体ではダメです。自分の欠点を見つめて変えられる柔軟性を示す文章を書くように心がけましょう。

④失敗から学べる人であることを強調する

たとえば、アルバイト経験については、失敗した話はネタになります。そこから学んだことにポイントを置いて書けばいい。お客さんからクレームが来て気づいたことやそこで改めた心や行動の習慣について、「その日からノートをつけるようになりました」とか「ミスしそうな事柄《ことがら》を十カ条にして、毎朝声に出して読んでみました」と書いたとします。すると、「この人はトラブルにあったときやミスを犯《おか》したときの処置のしかたが一応身についている。ちゃんと行動の習慣を変えられる人だ」ということがわかります。「何々があって、これはやってはいけないことだと思いました」という文章とはレベルが違うわけです。

自分自身の行動習慣の組み換えができるのは、たんに気づいたり、考えたりできるレベルよりさらに上級です。考えるだけなら誰にでもできますが、行動の習慣を変えるのは難しいので、そこをアピールするのは、仕事を一緒にしていく仲間という観点からすると、とても評価できるところだと思います。

失敗から学ぶというのは、まず第一段階として自分の気付かなかったことや欠点を知り、考え方を変えることです。そしてさらに行動や習慣を変えるのが第二段階になります。この二つの段階を踏まえていると、学んだ深さを相手に伝えることができます。

また、どういうふうに困難を克服《こくふく》したかをアピールする方法もあります。独自の考え方や工夫《くふう》ができれば、トラブルに強いという印象を与えられます。エントリーシートで多くの学生は「自分は壁を乗り越える意欲にあふれている」ということを述べると思います。そのとき、具体的にどのような工夫をして乗り越えたのかということを示せれば、より説得力が増すのです。

⑤一緒に働けそうな人物像を想像する

私ぐらいの年齢《ねんれい》になると、同級生や友人などで管理職についている人が多いのですが、彼らに聞いてみると採用のポイントは、「つまるところ一緒に仕事をしていけるかどうかだ」とみな言います。

みなさんも自分と一緒にやっていける人を想像してみてください。基本的にポジティブである。対話ができる。考え方が多角的で、いろいろな視点からものを見ることができる。こちらの言うことに対して素直に聴く耳を持っている。アイデアを出す能力がある……そんな人となら、一緒に働いてみたいと思いませんか?

やはり一緒にやっていけそうだと思わせるところを出していかなければ、採用とはなりません。利己主義的に「給料が高い会社がいいです」とか「楽で休みが多いのがいい」などと、思うがままにそういうことを書いたらアウトです。一緒に仕事をやっていて気持ちがいい人間は、そういうことは言わない人です。仕事にもっと充実感を求めており、その結果お金が入ってくるというのがいちばん望ましい状態です。

その人の文章を読んで「ああ、この人は世界が狭《せま》い。すごく拝金《はいきん》主義的だな」とか「合理主義といえば聞こえはいいけれど、自分の利益にならないことはやらないタイプだな」という印象を与えては、試験に通りません。実際に仕事をしていく上でもうまくやっていけないでしょう。

企業で働くということは、ある種のチームスポーツですから、チームの一員としてやっていける感じを出すことが大事です。協調性があり、コミュニケーション能力があって、かつ自分の意見もきちんと言えるというところを、自分の具体的なエピソードや経験、出来事からアピールします。自分の全部をアピールするのではなく、「ここが」というところを絞《しぼ》り込《こ》んでいく作業を事前に行うといいでしょう。

⑥人から積極的に学ぶ人間であることをアピール

自分が柔軟性を持っており、協調性もある人間であることをアピールしてさらにポイントを稼《かせ》ぐには、他の人から影響を受けたものを組み込むといいと思います。

というのは、会社に入ると、上司になる人は部下に影響を与えたいと思っているからです。上司は自分が影響を与えられる人間がほしいと思っています。それは別に権力欲ということではなく、仕事を覚えてもらうためには、こちらの言葉に影響を受けてもらわないと困るからです。

「あれをしろ」と指示したらそれだけしかしないという、たんに従順なだけの人間では使い物になりません。上司の言葉を自分の中でプラスアルファの働きをもって受け止め、「あれを」と言われたときに、「あれとこれも同時に」できるように組み換えが起こせる人がほしいのです。要するに学習能力があるかどうかです。

⑦箇条書きでネタを書き出す

その観点からいくと、いままで自分が影響を受けたり他の人から聞いた言葉や、本を読んで印象に残った言葉をセレクトしておいて、それらをうまく組み込んでいくと、印象的なエントリーシートになります。

大切なのは、それらによって変化する柔軟性を持っている人間なのだというアピールですから、相手の企業や求められているシーンに応じて、的確な言葉や人を選び出す必要があります。

それには、箇条書きでありったけのネタを書き出す作業が必要だと思います。ある問いに対して、思いついたことをひとつ、ふたつ書き出すのではなく、まずは洗いざらいありったけ、最低でも一〇個、できれば二〇個くらい出していく。その作業が経験を深くとらえなおすことになるのです。

企業のほうも、実はそれほど極端なことをしてきた人を採りたいわけではありません。未開の地に挑《いど》んで冒険《ぼうけん》してきたような人は、話としては面白くても組織にはなじまないかもしれません。そうではなく、ちょっとしたささいな日常の経験からでも、深く意味を学べる人間がほしいのです。すると自分の中で経験の意味を深める必要があります。試《ため》しにみなさんもやってみましょう。「いままで印象に残った言葉や文章は何か？」と聞かれたとき、何個思い出せますか？

課題　いままで印象に残った言葉をありったけ書き出してみましょう。

どうですか？　二〇個くらい思いつきましたか？

一、二個なら簡単に思いつきますし、三個くらいまでなら何とかなるでしょう。しかしそこでやめずに、もっと自分を絞り出してください。

列挙する作業というのは意外に難しいものです。私が学生にやらせてみても、ほとんどの人が抽象的なものを列挙してきます。そうではなくて、ある程度具体的な言葉や文章で書いてみたほうがいいでしょう。このとき、単語ではなくて二、三行で書いて貯《た》めていくだけでもずいぶん具体性が出ます。

もしどうしても思いつかない人は、書き出しのためだけに喫茶店《きっさてん》に入ってもいいでしょう。「喫茶店タクティクス」と私は呼んでいますが、なぜ喫茶店に入る価値があるのかというと、喫茶店はお金を払って、場所と時間を買うところなので、損をしないよう集中力が出ます。制限時間はだいたい一時間から一時間半くらい。その間に作業を終えなければいけないと思うと、効率があがるのです。

とにかくそういう場を設定して、一〇個、二〇個と徹底的に書いていくと、自分の持ちネタがものすごく増えます。ネタが増えると、話の奥行きが深くなります。エントリーシートを書くときはもちろん、面接を受けたときも、印象に残っている言葉を一個しか用意していない人と、一〇個、二〇個用意してある人では、相手の要求にフィットする度合いが格段に違ってくるわけです。

面接ではどんな角度から、どんな質問が飛んでくるかわかりません。そこではネタを取り出すスピードが、大事です。事実、面接官に聞きますと、不採用にするのは「ピントがずれていて、聞いてないのに自分が用意してきたことを一方的にしゃべる人」だそうです。「柔軟性がない」ということで落とされてしまうのです。

ですから、まずエントリーシートを書く前にその課題についてのネタをありったけふり絞るということをやります。それを書き出していって、ルーズリーフ五〇枚ぐらいになると、「ああ、なるほどな」と自分が経験してきた細かいことまで自分の頭の中に入るので、いつでも取り出し可能になるでしょう。

⑧対話のパートナーを見つける

ネタにつまってしまったとき、「喫茶店タクティクス」と並んで効果があるのが、二人で対話することです。人とやりとりしていると、「ああ、そうやればいいのか」と気づきます。相手から「自分はこういうことがあった」と言われると、それに触発されて自分も思い出します。対話しながら具体性、説得力を追求していくことができるのです。

ですから、一緒に戦う就活《しゅうかつ》パートナーを見つけるといいでしょう。

私も就活ではありませんでしたが、大学院を受けるとき、対話パートナーを見つけました。大学院を受けるのも、就職と同様、進路・進学のひとつです。私の場合、法学部からまったく分野が違う教育学部の大学院を受けたので、一緒に受ける友だちと協力しあいました。受験のとき、第二外国語をとらなければいけませんでしたが、私はそれまで選択していたドイツ語が性《しょう》に合いませんでした。その友人はフランス語がひじょうにできたので、私は選択をフランス語に変え、友だちを先生として一年間一生懸命《けんめい》勉強しました。

結果的にそれはすごくいい選択でした。試験に向けて二人で情報交換しながら徹底的にやることで、学習速度が早まり、二人とも大学院に合格できたのです。

ですから、同じ目標を持った自分よりできる人間か、同レベルの仲間を作って対話を重ねるといいでしょう。

⑨視点を移動する

また、視点を変えてみることも必要です。「仕事とはどういうものですか」「営業とはどういうものですか」「会社は誰のためにありますか」という質問があったとします。

そのさい、自分の視点なのか、会社全体にとっての話なのか、あるいは顧客《こきゃく》の視点なのかによって、答え方が違ってきます。

現在は、顧客的な視点を組み込める人が求められているので、自分の側からだけ見るのではなく、相手から何が要求されているのかを把握した上で、自分はどうしなければいけないかを考えることが大切です。つまり、立場を入れ換える「視点移動」の能力を入れていかなければならないのです。

私が知っている経営者は、「企業とは誰のものか」という問いを朝礼で毎日社員に投げかけています。「誰のものか」と聞かれたら、ふつうは社員のためか、株主のためと答えるでしょう。

しかしその経営者は、「お客さんのため」と考えています。なぜなら、彼にとって「いい会社」とは、規模が大きい会社でも利益率が高い会社でもなく、一〇〇年後にも残っている会社だからです。

アメリカのある経営者が言った言葉だそうですが、「いい会社とは、一〇〇年後に残っている会社」というのはもともと考え抜かれた末に出てきた言葉です。ふつうは「いい会社とは?」と聞かれたときに、そのフレーズは出てきません。オリジナリティのある言葉といえます。

その言葉の意味は、会社はお客さんのためにあるというところから出発しています。お客さんがいなくなれば、企業は存続できません。存在を決めるのはお客さんなのだから、まずお客さんのために企業があって、その次に社員があるという順番になります。すると、ものの考え方も当然違ってきます。たとえば、サービスをする場所にいったとき、従業員が「お客さん第一で考えているか」「自分たちが第一で考えているか」でサービスの具体的な違いが現れます。

従業員が、ただ義務をこなすだけで働いている店と、心のこもった接客ができる店との違いは何によって起こるのかというと、自分の仕事が何によって支えられているのかというとらえ方の差から来ています。本質的な構造に戻って考えれば、自分の給料は一人一人の顧客をつかまえることから得ているとわかります。その認識があるかどうかがサービスの差になって現れるのです。

ですから、自分はとてもいい仕事をしているのに評価されないとか、自分はとてもいいものを作ったのに売れないと不満を抱き、それは上司が悪い、社会が悪い、お客のセンスが悪いと考える人に未来はありません。その人に世の中を変えることはできません。顧客の需要《じゅよう》を感知して、自分の方を変えていく柔軟性がなければ、どんな仕事もうまくいかないのです。

目の前のことをずっとやっていれば保障されるという時代は終わりました。ですから、需要に対してアンテナがきちんと立っているかが大切です。一個一個の質問に対して、自分はきちっと需要を感知し、柔軟に対応してトラブルを解決しながら成長していく、という基本線を押さえながら書くのが大事なのです。

では課題です。

課題　いままで述べた注意点を踏まえて、人事担当者にアピールするエントリーシートを書いてください。

私は、人とコミュニケーションをとる際、二つの姿勢を大切にしています。それは、「受け入れることと疑問を持つこと」です。

私はゼミで、グループ論文に取り組みました。これに取り組んだのは、大学時代の勉強の証《あかし》を残しておきたいと思うと同時に、周囲とのコミュニケーションからも学べることがあると思ったからです。毎日の話し合いと作業を通して、私は次のことを学びました。

一つは、「意思の疎通《そつう》は、相手を理解しようとすることによって初めて成り立つ」ということです。たとえ意見が対立したとしても、相手の言いたいことをしっかり聞き、視点を変えてみることによって、よりよい方向へ解決の道が開かれたこともありました。

もう一つは、「なぜ？」という疑問をもつことの大切さです。目の前の大きなテーマについて、どんな小さな疑問でもできるだけ多く投げかけ合っていくことによって、問題点が明確になり、考えを掘り下げていくことができました。

実際に授業を行なってみると、それまでに積み重ねた仲間とのディスカッションと問いの蓄積《ちくせき》が、授業の質を大きく左右することを痛感《つうかん》しました。ただ単に経験を積めばいいというのではなく、事前にしっかりデザイン（段取り）を練り、予測することによって経験の質が高まるのだと学びました。

こうして私は、相手の言うことに耳を傾ける姿勢と、質の高い段取りを徹底的《てっていてき》に考える姿勢を身につけることができました。今後仕事をしていく上でも、その姿勢を大切にし、活かしていきたいと思っています。

エントリーシートの例

私がエントリーシートを書くとしたら

ちなみに、私がエントリーシートを書くとしたら、どんなことを書くか考えてみます。私は大学院では教育学を専攻しました。そこでは実習の科目があって、伊豆や長野の小学校で授業をしましたので、その実習について書くだろうと思います。

どういう体験だったかというと、伊豆では、イメージで体の状態を変える授業プランをたてました。体育のような、国語のような授業です。体育館で「体をバラバラにしながら歩いてみよう、走ってみよう、四股《しこ》を踏んでみよう」とやったあとに、「煙《けむり》になってみよう」「石になってみよう」「水になってみよう」といって、なった人間を二人で持ち上げる実験をしました。

すると重さが変わります。というよりも、持ちやすさが変わります。石になったほうが重いようですが、意外に持ち上げやすいことがわかります。一方、水になった状態は持ち上げにくく、ずるずると下に落ちてしまいます。体の状態をイメージで変化させるのは、武道でも高級な技法です。その状態で押し相撲をやらせるのですが、授業を受けた子供たちは、イメージを変えるだけで体の状態が違うことに大きな驚きを感じてくれました。

私自身も、大人を教えた経験と比較したとき、子供たちの素直な変化や感動に反応して、直接子供たちに教えたいという強い意欲が生まれました。それがいま、小学生を直接教えるという「齋藤《さいとう》メソッド」にもつながっています。ですから、その時の私の感動が、いまの意欲につながっているというラインを示せるといいのではないかと思います。

あるいは長野の実習では、国語において多様な読みを身につける試みを行いました。古典的な「何々すべきだと思いました」というような教訓的、道徳的な感想以外のものが言えるように、授業の組み立てを工夫したのです。

具体的には、「赤ずきん」の三バージョン（ペローの原作から幼児向け絵本まで）を用意し、子供たちに、「どれが好きか」、「歴史上どういう順番に並ぶのか」という発問をする授業をしてみました。そこで学んだのは、テキストを上手に選んで比較させれば授業は失敗しないということでした。

私がエントリーシートを書くとしたら、実習の経験を述べ、そのとき子供たちの反応がとてもよかったので、そこで確信を持ち、それを展開させて今の自分があるという流れもありますし、一八三ページのように、実習に向けての準備と学んだことを中心に書くやり方もあるでしょう。

あるいは学問の話それ自体を書くかもしれません。私は身体論に興味を持ち、勉強しました。身体論というのはある種、学問のようで学問でない分野です。ふつうの人でも身体について書かれた文章を何冊か読むことはできますが、それを読んだからといって身体論が習得できるかというとそうはいきません。

私にとって学問とは、物事を見るときの視点が技として身につく、あるいは役立つような武器を手に入れるということです。人が歩いている姿を見ても、あるいは音楽の演奏者を見ても、何を見ても「身体」という切り口でものを見ることができます。あらゆる場面で「身体」に目をつけて見る習慣ができると、他の人には見えないものが見えるようになります。その状態を「身体論が自分の身についた」と、私は定義づけています。

そしてその切り口で世の中を見ていくと、本を読むときもその内容が自分の学問にどう活用できるのかという観点で読むようになるので、たとえば哲学的な本を読んでもその内容と、ヨガに通ったり、指圧を習ったりする実際の経験が結びついてきました。それが私が大学時代にやっていたことです。

つまり高度に知的なものと、実際の実技的なものを結んでいくところに自分のゆらがない「視座」が確立され、他のものを見る見方が変わってくる、そういう勉強の仕方をしてきたということです。学問とは訓練していない人には身につかない、ある種角度のついたものの見方が身につくことであると考えると、とても意味があることがわかります。学んだ内容だけではなく、ものの見方を身につけるために学問をしたいと思い、それがもっとも活《い》かせる科目をセレクトしたというわけです。

私なら学んだ内容が何につながって、どういう広がりを持ち、どのようなターニングポイントがあって、その後どうなったかについて、自分にとっての重要性は何かということを盛り込んで、エントリーシートにまとめると思います。

おわりに――「読む・書く」は「話す・聞く」の応用バージョン

前作の『話し上手　聞き上手』では、「話す」と「聞く」を連動させて考えてきました。今回の「読む」と「書く」は、それがもう少し精度の高いバージョンになったものです。「話す・聞く」は、文字を読めない人でもできますが、「読む・書く」はできません。文章の言葉は、話し言葉よりもずっと語彙《ごい》が豊富です。その証拠《しょうこ》に、話すだけなら辞書の中のほとんど一％以下の語彙で生活できます。

しかし文章になると、それだけの語彙ではとてもまかないきれません。試《ため》しに日常会話に出てくる語彙だけで文章を構成すると、その文章はなんともユルすぎる感じになってしまいます。

使う語彙の幅《はば》も「話す・聞く」と「読む・書く」では違います。あたかも話し言葉のように書いてある文章でも、実際に話をしているように書く技術は、大変工夫《くふう》をこらしているのです。

「読む・書く」能力がある人は、語彙が豊富ですから、「話す・聞く」場面においても、意味の含有率《がんゆうりつ》の高い対話が成り立ちます。この意味の含有率を高めるというのが、今回の『読み上手　書き上手』の隠《かく》れたテーマです。一方、「話す・聞く」能力がいくら高くても、「読む・書く」訓練をしていなければ、知的で高度な対話を交わしたり、人に訴《うった》えかけるような文章は書けないのです。

ですから「話す・聞く」と「読む・書く」のどちらが社会で生きていく上で重要度が高いかというと、たしかに日常で使用される頻度《ひんど》は、「話す・聞く」のほうですが、そこで力を発揮するためには「読む・書く」能力が必須《ひっす》です。高いレベルの仕事になればなるほど、「読む・書く」の重要度もより高いと言えます。

私は仕事柄《がら》、学生や各界の方々と話をする機会が多いのですが、しばらく話をすると、相手の読書量がおおよそわかります。読書量の少ない人は、使う言葉のヴァリエーションが豊富でなく、また話している時に主語と述語が対応していないことが多いのです。学生に対しては「あまり本読んでないでしょ」と言って当ててあげることもよくやります。「読む」という行為《こうい》は、「話す」ことの質に直接関係していることを、みなさんには知って頂きたいのです。

文章のようにきちんと話すことができるようになると、書くスピードも早くなります。たくさん文を書いていると、話をする時も頭の中に漢字が浮《う》かんできて、文章語に近い形で話せるようになります。

私たちは、相手の書いたものや話したことから、その人の人格や能力を推《お》し測《はか》ります。その人がどんな人で、どんな経験を積んできて、これからどうなりそうなのか。そうした総合的な評価を、言葉を通して相互《そうご》に行なっているのです。

ですから、言葉にいい加減だったり、苦手なままほうっておいたりすると、きびしい評価を受けることになってしまいます。社会に出たら、学校のようにテストや添削《てんさく》はしてくれません。ただ黙《だま》ってつき合いや依頼《いらい》を減らされるだけです。「読み上手、書き上手」になることは、こうしたハードな社会を泳ぎ渡《わた》っていく泳ぎ方を身につけることなのです。

はじめからクロールできれいに泳げる人はいません。生まれてから五年で上手に話する子はいますが、上手に書くことはできません。読み書きは、泳ぎを身につけるよう意識的にトレーニングするべきものであり、そうするだけの価値のあることなのです。

ちくまプリマー新書076
読《よ》み上手《じょうず》　書《か》き上手《じょうず》

二〇〇八年二月十日　初版第一刷発行
二〇一六年四月三十日　初版第二刷発行

著者　齋藤孝（さいとう・たかし）
装幀　クラフト・エヴィング商會
発行者　山野浩一
発行所　株式会社筑摩書房
東京都台東区蔵前二-五-三　〒一一一-八七五五
振替〇〇一六〇-八-四一二三
印刷・製本　中央精版印刷株式会社

ISBN978-4-480-68778-4 C0295 Printed in Japan

乱丁・落丁本の場合は、左記宛にご送付下さい。
送料小社負担でお取り替えいたします。
ご注文・お問い合わせも左記へお願いします。
〒三三一-八五〇七　さいたま市北区櫛引町二-六〇四
筑摩書房サービスセンター　電話〇四八-六五一-〇〇五三